Europa wohin?

Europa wohin?

4. Jahreskolloquium
21./22. Juni 1996 Frankfurt am Main

Herausgegeben von
Hilmar Kopper,
Brigitte Seebacher-Brandt
und Norbert Walter

Alfred Herrhausen Gesellschaft
für internationalen Dialog

Deutsche Verlags-Anstalt Stuttgart

Die Deutsche Bibliothek - CIP-Einheitsaufnahme

Alfred-Herrhausen-Gesellschaft für Internationalen Dialog:
. . . Jahreskolloquium / Alfred-Herrhausen-Gesellschaft
für Internationalen Dialog. -
Stuttgart : Deutsche Verlags-Anstalt
Bis 3 (1995) im Verlag Schäffer-Poeschel, Stuttgart
4. Europa wohin? - 1996
Europa wohin? : 21./22. Juni 1996 Frankfurt am Main /
hrsg. von Hilmar Kopper . . . -
Stuttgart : Deutsche Verlags-Anstalt, 1996
(. . . Jahreskolloquium / Alfred-Herrhausen-Gesellschaft
für Internationalen Dialog ; 4)
ISBN 3-421-05062-7
NE: Kopper, Hilmar [Hrsg.]

Satz: Steffen Hahn GmbH, Kornwestheim
Druck und Bindearbeit: Friedrich Pustet, Regensburg
Printed in Germany
ISBN 3-421-05062-7

Inhalt

Hilmar Kopper

Vorrede

Meine sehr verehrten Damen und Herren,

der Titel dieses Kolloquiums ist Programm. Wir wollen Antworten suchen auf eine Frage, die zu stellen uns vor ein oder zwei Jahren nicht eingefallen wäre: »Europa wohin?« Damals glaubten wir noch an die Gesetze der Harmonie und ließen etwaige Zweifel unausgesprochen.

Es geht ziemlich viel durcheinander in Europa. Der deutsche Bundeskanzler meint, der Fortgang der Integration entscheide über Krieg und Frieden. Ein englisches Massenblatt titelt kurze Zeit später: »What a wonderful war!« Kriegsgegner ist nun jene Europäische Union, die zwar eine Exportsperre verhängt hat, sich ansonsten aber als Friedensmacht versteht und sich auch gern als solche feiern läßt.

Zur gleichen Zeit hält ein deutscher Wirtschaftsführer eine Rede in Paris und richtet harte Worte an die Adresse seiner Gastgeber. Mit der Abschaffung der Wehrpflicht hatte Frankreich mehrere gemeinsame Rüstungsprojekte, allesamt fest und vertraglich vereinbart, auf Eis gelegt. Der Partner, also Deutschland, war nicht informiert, geschweige denn konsultiert worden. Aus dem Publikum aber tönt es dem deutschen Redner entgegen: Eine solche Beschwerde sei eine »Kriegserklärung«.

Wir hingegen, wir hier in der Deutschen Bank, lassen uns nicht beeindrucken und nicht beirren von all dem Kriegsgeschrei. Wir befassen uns mit dem Geld, dazu ist eine Bank schließlich da, und fahren fort, das Unsere zu tun, damit der Euro beizeiten Zahlungsmittel wird. Die Vorbereitungen läßt sich die Deutsche Bank einiges kosten.

Aber zugegeben, Technik ist auch für uns nicht alles. Nirgends in Europa wird der Euro so laut und so leidenschaftlich beschworen wie in diesem Haus, und das durchaus nicht nur mit Argumenten, die sich rechnen lassen. Die Neigung, den Euro in Anspruch zu nehmen für höhere Zwecke, ist auch uns nicht fremd.

In Deutschland wird nun einmal gern unterstellt, am gemeinsamen Geld hingen europäischer Frieden und deutsche Friedfertigkeit. Komme es nicht oder lasse auch nur auf sich warten, werde das Gespenst des Nationalismus sein Haupt erheben.

Aber der eine Dinar hat die Völker Jugoslawiens nicht gehindert, einen schrecklichen Krieg zu führen. Und Hand aufs Herz, wir wissen doch alle, daß Deutsche und Franzosen, gleich mit welchem Geld sie ihr Brot bezahlen, nicht mehr die Waffen ziehen, jedenfalls nicht gegeneinander.

Festzustellen bleibt, daß der Ton in Europa immer gereizter wird – je näher der Termin der Einführung des gemeinsamen Geldes rückt, desto mehr und aller Konferenzbeteuerungen zum Trotz. Ralf Dahrendorf meint, die Wurzel des aktuellen europäischen Übels liege im Projekt der Währungsunion. Wer die Kräfte überspannt, so darf man den britischen Lord deutscher Herkunft wohl interpretieren, erzeugt Spannungen, und die entladen sich – durch diesen Spruch und jene Maßnahme.

Wir alle erleben es, wie die Anlässe immer beliebiger werden. Heute ist es der Rinderwahn, morgen die Rüstungsindustrie und übermorgen? Was geschieht, wenn die Amerikaner ihre Ankündigung wahr machen und sich aus Bosnien zurückziehen? Welche Entscheidung werden die Europäer treffen? Werden sie sich verständigen, wenn es ernst wird und sie keinerlei Verantwortung mehr wegschieben können?

Muß es um den Euro schlecht stehen, wenn Europa soviele und soviele ernste Zweifel weckt? Und so wenige schöne Phantasien? Wohl kaum. Das Nächstliegende sollte man nie aufs Spiel setzen, wenn aus der Ferne Mißklänge zu hören sind.

Ich bleibe der entschiedene Befürworter der gemeinsamen Währung. Ich möchte, daß sie kommt und keine Zeit vertan wird. Hellsehen können wir alle nicht, Volkswirte können es schon gar nicht. Niemand weiß, was passiert, wenn der Termin hinausgeschoben wird. Aber warum warten, wenn die Notwendigkeit erkannt und der Nutzen erklärt ist? Beides ist der Fall, sonst würde nicht so hartnäckig um die Währung gerungen und wären jetzt die Vorbereitungen nicht so weit gediehen.

Über jeden, ich wiederhole: über jeden Zweifel erhaben sind die Vorteile des Euro. Er erleichtert den Europäern den Export untereinander. Davon haben zumal wir Deutsche den Nutzen; Wechselkurse und ihre unberechenbaren Schwankungen belasten uns nicht mehr. Außerdem verhilft der Euro der Welt zu einer zweiten Reservewährung. Wer über die verfügt, hat größere Handlungsspielräume.

Der zitierte Lord hat auch gemeint: Wenn die Währungsunion scheitere, werde die Erleichterung ebenso groß und allgemein sein wie 1954. Doch irrt, wer von den Analogien der Geschichte auf deren Gesetze schließen will. Damals platzte die Europäische Verteidigungsgemeinschaft, weil die französische Nationalversammlung Nein sagte. Traurig war niemand, denn Trost stand bereit; die junge Bundesrepublik fand Aufnahme in die Nato. Frankreich hat stets darauf geachtet, daß die ökonomische Integration kompensiert wird durch sicherheitspolitische Souveränität. Die wirtschaftliche Entwicklung aber drängt seit langem über sich selbst hinaus.

Aber mit dem Vorwurf, die Kräfte würden überspannt, muß man sich auseinandersetzen. Richtig ist, daß im Vertrag von Maastricht zu vieles zugleich gewollt wurde. Man setzte Ziele, die sich nicht halten ließen, und vergaß, daß der Griff nach den Sternen in der Geschichte nur selten belohnt wird.

Der Vertrag von Maastricht ist ein Kind seiner Zeit und als solcher nicht zu tadeln. Sein Kernstück, die Wirtschafts- und Währungsunion, ist allerdings alt. Daran kann nicht oft genug erinnert werden. 1969, ausgerechnet auf jenem Gipfel in Den Haag, der die Aufnahme Großbritanniens beschloß, hatte das Projekt zuerst Gestalt angenommen – auf dem Papier, aber immerhin. Seither sind so manche Annäherungen geprobt worden – mit dem Ergebnis, daß die wichtigen Währungen in Europa heute so eng beieinander liegen wie nie zuvor und ihr Zusammenschluß nun tatsächlich möglich ist.

Als der Binnenmarkt näher rückte und Wachstumskräfte freisetzte, noch bevor er vollendet war, es mag 1988 gewesen sein, hatte der französische Staatspräsident das Thema der gemeinsamen Währung erneut auf die europäische Tagesordnung gesetzt. Frankreich wollte die Abhängigkeit von der D-Mark abschütteln. Ein Motiv, das bleiben sollte, ohne daß das Vorhaben dadurch beeinträchtigt worden wäre. Europäische Dynamik erwächst immer aus nationalem Interesse. Das besteht eben zuweilen darin, eine Politik, zum Beispiel die Geld- und schließlich auch die Fiskalpolitik zu vergemeinschaften.

Der Weg war vorgezeichnet, als die deutsche Einheit und die gesamteuropäische Perspektive eine neue Ortsbestimmung erforderlich machten. Das Prinzip der Erweiterung, in den Römischen Verträgen 1957 festgelegt, ist nach und nach eingesehen worden und wird heute allerorts bekräftigt. Doch warum deshalb die westliche Entwicklung anhalten? Die Welt dreht sich weiter, und die besonderen ökonomischen Umstände gebieten es fortzufahren.

Was das vereinigte Deutschland betraf und seine Stellung im westlichen Europa, die Währungsunion blieb in der Planung und wurde aktualisiert. Sie mutete aber viel zu profan an, um als alleinige Antwort auf die neuen Verhältnisse durchzugehen. Die idealistische Verklärung und der Vollkommenheitswahn - zwei deutsche Eigenheiten - spielen Europa immer wieder einen Streich.

Die zeitliche Abfolge steckte voller Symbolik. Im Dezember 1990, nur zwei Monate nach Vollzug der staatlichen Einheit Deutschlands, wurden die zwei Regierungskonferenzen eingesetzt, die einen richtig großen Vertrag vorbereiten sollten. Ein Jahr später, Dezember 1991, wurde er feierlich unterzeichnet.

Die Pläne von einer gemeinschaftlichen Außen- und Sicherheitspolitik und einer Politischen Union mit dazugehörigem Parlament waren ziemlich hochfliegend. Deutschland, von dem die Nachbarn und vor allem wir selbst meinten, es könne wieder werden wie früher einmal, sollte eingebunden werden. Der Bundespräsident feierte den Vertrag von Maastricht mit den Worten: Deutschland werde in Europa aufgehen.

Nein, das wird es nicht. Franzosen und Polen möchten auch sie selber bleiben. Der eine europäische Souverän zeichnet sich nicht einmal in Umrissen ab. Der Parlamentarisierung der Europäischen Union wird deshalb auch noch lange kein Erfolg beschieden sein. Nicht einmal die institutionellen Reformen, über die derzeit beraten wird und die zu einem Maastricht II führen sollen, stehen unter guten Vorzeichen.

Die Währung ist überfrachtet worden mit allerlei Ideologie. Als die Tinte trocken war unter dem Vertrag von Maastricht, fing das Gemetzel auf dem Balkan gerade an. Im nachhinein mutet es an wie eine Rache der Realität. Spotten konnten die Amerikaner nur, weil die Europäer zwischen Sein und Schein zu unterscheiden verlernt hatten.

Bescheiden wir uns mit dem, was jetzt möglich ist und nötig. Ich wiederhole: Die gemeinsame Währung ist möglich, und sie ist nötig. Ein Geldstück ist ein Geldstück und kein Mittel zur Sinnstiftung. Es ist auch kein Zaubermittel, mit dem sich unmittelbar Wachstum und Arbeitsplätze herbeischaffen ließen. Aber jenseits der genannten Vorteile wird mit der Einführung des Euro ein Ruck durch die Völker gehen. So ist es immer, wenn sich verwirklicht, was im Prinzip für richtig gehalten wird. Nicht einmal die schärfsten Kritiker bestreiten, daß der Euro zeitgemäß ist und in der Logik der europäischen Entwicklung liegt. Wo aber kämen wir hin, wo wären wir nach dem Fall der Mauer hingekommen, wenn jeweils gewartet würde, bis auch die letzten Bedenken ausgeräumt sind! Was den politischen Rahmen anbelangt, warten wir doch ab, welche Wirkungen der Euro zeitigen wird!

Richtig bleibt, daß man eine Währung nicht einführen kann wie eine Marktordnung. Es bedarf zweier Voraussetzungen. Die Staaten, die mitmachen wollen – in einem Akt freier Selbstbestimmung –, müssen einander vergleichbare Wirtschaftsdaten aufweisen. Und sie müssen bereit sein, auf einem Gebiet, dem der Währungshoheit, eine Souveränität abzugeben, die längst eingeschränkt ist.

Dies ist das eigentliche Kunststück, das zu vollführen den europäischen Völkern so schwer fällt: den Zeitläuften in Technologie und Ökonomie Rechnung tragen und doch das eigene Selbstgefühl wahren. Der französische Historiker Jacques Le Goff, einer der Großen seines Fachs, hat den Zusammenbruch des römischen Reiches auch auf den zu großen Radius seiner Währung zurückgeführt. Aber wir leben nicht im Römischen Reich, sondern im Zeitalter der Informationstechnik. Und die fordert ihren Tribut auch dann, wenn die Tradition reich ist. Mehr noch, sie ermöglicht gemeinsames Geld gerade dort, wo der Kreis weit ist.

Es ist einc Gratwanderung, auf die wir uns begeben. Was zu bedenken ist, um nicht abzustürzen, erfahren wir aus Beiträgen und Diskussionen, die dieses Kolloquium geliefert hat.

Manfred Riedel

Manfred Riedel

Einheit in der Vielfalt

Vom geistigen Weg Europas

Europa - was ist es? So fragten am Beginn dieses Jahrhunderts die Vordenker eines Weges zur europäischen Einigung, der mit dem Ausbruch des Ersten Weltkriegs abzubrechen schien.[1] Die im Krieg standen, wußten darauf keine Antwort; die Besten auf beiden Seiten der Front sprachen vom »geheimen Europa«, das sie als Traum in sich trugen.[2] Um die Mitte des Jahrhunderts, als Hitlers Weltkrieg auch dieses Traumbild zerstörte, sahen die besten unter den Denkern Europa in der Situation, einen Ort im Nirgendwo musealer Erinnerung einzunehmen. So Karl Jaspers 1946 in Genf, dem ehemaligen Sitz des Völkerbunds: »Es birgt die heiligen Stätten des Abendlandes, wie es andere heilige Stätten in China und Indien für die asiatische Welt gibt. Noch in wachsender Ohnmacht bewahren wir diese Kleinodien, noch in Ruinen den Ursprung des Abendlandes.«[3]

1 Vgl. A. H. Fried, Europas Wiederherstellung, Zürich 1915; M. Scheler, Die geistige Einheit Europas und ihre politische Forderung, in: Der Genius des Krieges und der deutsche Krieg, Leipzig 1915.

2 Das geheime Europa, in: Forum H. 12 (1915), S. 632-638. Vgl. Briefe aus dem Felde, Berlin 1940.

3 K. Jaspers, Vom europäischen Geist, in: Rechenschaft und Ausblick, Stuttgart 1958², S. 304.

Europa – wohin geht es? So fragen wir uns heute, am Ende des Jahrhunderts, nachdem das abendländische Europa das Museum längst verlassen hat und wieder eine Macht geworden ist. Denn wir sind nicht mehr sicher, worauf jener europäische Einigungsprozeß hinauswill, der nach mancherlei Rückschlägen seit dem Ende des Zweiten Weltkriegs einen so erfolgreichen Verlauf nahm.

I

Damals schien alles klar. Wer in die vom Nationalsozialismus hinterlassene Trümmerlandschaft hineingeboren wurde und an seinen schrecklichen Folgen für das Zusammenleben der europäischen Völker und Menschen litt, der konnte verstehen, warum es zunächst darauf ankam, Frankreich und die Beneluxstaaten mit Italien und den westlichen Randzonen des geteilten Deutschland zusammenzuführen. Und wer in dem Land zwischen Thüringer Wald und Elbe im Frühjahr 1945 nach der Befreiung durch amerikanische Truppen den Einmarsch der Roten Armee miterlebt und dann erfahren hatte, wie jene durch die Jalta-Konferenz festgelegte Aufteilung politischer Einflußsphären der Siegermächte das Leiden der Menschen und Völker unter Stalins Herrschaft verlängerte, sah keine andere Wahl, als der Logik des Anfangs der westeuropäischen Einigung zu folgen.

Konnte der ostdeutsche Zuschauer dieses Prozesses in leicht zugänglichen Büchern doch nachlesen, daß schon Lenin die altliberale und auch von Sozialdemokraten geteilte Vorkriegsidee der »Vereinigten Staaten von Europa« ablehnte;[4] eine Konstante sowjetischer Außenpolitik, die sich unter seinen Nachfolgern und Handlangern in der DDR immer mehr verfestigte.

Unter diesen Umständen fiel es leicht, die von Christdemokraten wie Robert Schumann, de Gasperi und Konrad Adenauer eingeleitete Bildung eines westlich gelagerten »Kerneuropa« mit dem Argument anzuerkennen, daß es das Mittel sein könnte, den Zerfall des Kontinents zu verhindern, obwohl wir Mittel- und Ostdeutschen an den Folgelasten der damit zunächst einhergehenden Teilung unseres Landes schwer trugen. Was wir nicht verstanden, war das Bestreben namhafter Geschichtsdenker, dieses Gebilde in seiner Abwehrstellung gegen die östlichen »Barbaren« mit dem Frankenreich Karls des Großen, der okzidentalen Nachfolgeinstitution der Weströmischen Reichshälfte, gleichzusetzen, wobei »Europa« mit dem »Abendland« verwechselt und zeitweilig ganz aus dem Blickfeld gedrängt wurde: als ob es nie ein Oströmisches Reich auf denselben geistigen Fundamenten der Antike und des Christentums gegeben hätte, das doch Konfrontationen mit nichtchristlichen Völkerschaften genau so ausgesetzt war wie »der Westen«.

Dieser Interpretationstendenz huldigten die Gründerväter selbst, deren Geburtsorte Metz, Trient und Köln ja innerhalb des karolingischen Reichsgebiets liegen. Erwähnt sei nur der Ausspruch Konrad Adenauers, daß Polen dann, wenn es wieder frei würde, der »östlichste Staat in Europa mit westlicher Kultur« sein werde, zu dem besondere Beziehungen unterhalten werden

4 Lenin, Über die Losung der Vereinigten Staaten von Europa (1915), in: Ausgewählte Werke, Bd. II, Berlin 1970, S. 615 f.

müßten.[5] Im Schatten des Ost-West-Konflikts blieb die Lage, um ein damals beliebtes Politiker-Wort zu gebrauchen, ernst, aber stets übersichtlich. Eben darum konnte sie vereinfacht und auch so beschrieben werden. Kein Wunder also, daß die Gleichsetzung Europas mit dem Abendland breitesten Zuspruch fand. Am bekanntesten ist Arnold Toynbees Unterscheidung zweier Gesellschaften auf europäischem Boden, einer westlich-abendländischen und einer christlich-orthodoxen, die ihrerseits in zwei Gesellschaften unterteilt wird: die eine hat ihren ursprünglichen Ort in Südosteuropa, während die andere außerhalb dieses Raumes in Nordosteuropa liegt.[6]

An Einspruch hat es nicht gefehlt. Manchen erschien die Klarheit der Antwort politisch durchsichtig. Sie blendete das Auge, ja machte es dafür blind, daß gerade bei unseren östlichen Nachbarn inmitten leidvoller Erfahrung ein »gesamteuropäisches Bewußtsein« lebendig geblieben war.[7] Hier knüpfte Willy Brandts Ostpolitik an, die den Weg zur Konferenz für Sicherheit und Zusammenarbeit in Europa (KSZE) ebnete, ohne je in Gegenextreme historischer Vereinfachungen zu verfal-

5 Interview mit AP vom 8. 9. 1953, in: Polen, Deutschland und die Oder-Neiße-Grenze, Berlin 1959, S. 669.

6 A. Toynbee, A Study of History, London 1934–1939, Vol. I, S. 132 f. Der Unterschied geht bis auf die Anfänge der modernen Geschichtswissenschaft bei L. von Ranke zurück, der die Weltgeschichte als Geschichte der germanisch-romanischen Völker konzipiert. Vgl. W. P. Fuchs/W. Dotterweich (Hrsg.), Leopold von Ranke: Aus Werk und Nachlaß IV: Vorlesungseinleitungen, München/Wien 1975, die das Konzept in der Übersicht präsentieren.

7 Vgl. W. Brandt, Erinnerungen, Berlin/Frankfurt/M. 1989, S. 185 ff. und 453 f.

len und sich Carl Friedrich von Weizsäckers Formel eines europäischen »Sicherheitsraumes von Vancouver bis Wladiwostok« zu verschreiben.

Unter der Regierung Brandt wuchs mit der Aufnahme von Großbritannien, Dänemark und Irland in den Kreis der Sechs die Europäische Gemeinschaft über das Einzugsgebiet des »karolingischen« Kerneuropa weit hinaus, bis der Kern durch den Beitritt Griechenlands (1981) vollends gesprengt wurde. Seit Anfang der 80er Jahre lautete die Orientierungsformel für den europäischen Vereinigungsprozeß: »Europa plus Amerika minus Rußland.«[8] Und an dieser Orientierung schien sich nach der Hinzunahme von Spanien und Portugal (1986) nichts geändert zu haben, so daß sich das »Europa der Zwölf« am 9. und 10. Dezember 1991 in Maastricht darauf verständigen konnte, den erfolgreichen Prozeß durch den ›Vertrag über die Europäische Union‹ weiterzuführen.

Das scheint nur so. In Wahrheit ist alles anders, seit durch die revolutionären Ereignisse der Jahre 1989/1990 die von den Siegermächten des Zweiten Weltkriegs festgelegte Aufteilung Europas in eine westliche und östliche Hälfte nicht mehr existiert, und die Aufhebung der deutschen Teilung erreicht ist, und seitdem das KSZE – wie das EG-Europa bei der Lösung der Balkankrise versagt hat. Was sich geändert hat, ist mit den äußeren Rahmenbedingungen der Richtungssinn des Einigungsprozesses, der auf eine Einheit durch Anreicherung des Kerns zielt. So wie es in der Präambel zum

8 Laut Süddeutscher Zeitung vom 22./23. Dezember 1984, S. 4 eine Äußerung von Staatsminister Alois Mertes beim 76. Bergedorfer Gesprächskreis, der 1984 erstmals in Rom stattfand.

Vertrag von Maastricht anklingt: »Entschlossen, den mit der Gründung der Europäischen Gemeinschaften eingeleiteten Prozeß der europäischen Integration auf eine neue Stufe zu heben / Eingedenk der historischen Bedeutung der Überwindung der Teilung des europäischen Kontinents und der Notwendigkeit, feste Grundlagen für die Gestalt des zukünftigen Europas zu schaffen / In dem Wunsch, die Solidarität zwischen den europäischen Völkern unter Achtung ihrer Geschichte, ihrer Kultur und ihrer Traditionen zu stärken . . .«, bekunden die Repräsentanten der zwölf Staaten ihre Absicht, eine Europäische Union mit gemeinsamer Unionsbürgerschaft und Währung für die Staatsangehörigen ihrer Länder zu gründen.[9]

Es läßt sich jedoch nicht übersehen, daß die Vertragsstaaten nur einen Bruchteil Europas umfassen: wenig mehr als ein Viertel des Kontinents. Und der Vertrag selbst kann seine Herkunft aus dem Geist des globalen Ost-West-Konflikts nicht abstreifen,[10] der unser Auge fast ein halbes Jahrhundert auf eine Seite hin fixierte. Mag es einigen Historikern nach dem Fall der Berliner Mauer und der Auflösung des Warschauer-Pakt-Systems noch möglich gewesen sein, unseren Landsleuten aus den neuen Bundesländern, die doch alte deutsche Länder sind, zu sagen, sie würden jetzt »Westdeutsche«, und von Osteuropa, das sich vor dem Umbruch selbst als »Mitteleuropa« entdeckte, zu behaupten, es müßte

9 Vertrag über die Europäische Union vom 7. Februar 1992, Luxemburg 1992, S. 3 f.

10 Vgl. P. Segl, Europas Grundlegung im Mittelalter, in: J. A. Schlumberger/P. Segl (Hrsg.), Europa – aber was ist es? Aspekte seiner Identität in interdisziplinärer Sicht, Köln/Weimar/Wien 1994, S. 28.

jetzt »Westeuropa« werden,[11] so sind spätestens mit dem Zerfall der Sowjetunion in Rußland und die GUS-Staaten diese Homogenitätsmuster gefallen. Europa erscheint nunmehr in jener Vielheit, die es seiner natürlichen und geschichtlich geprägten Gestalt nach seit der frühen Neuzeit war. Und danach wird sich der Prozeß des Zusammenwachsens zu einem vielfältigen Ganzen und die künftige Gestaltung der europäischen Einheit bestimmen.

Ob wir es wollen oder nicht: Unser Blick ist für den Kontinent in seiner Gesamtheit frei geworden, und wir müssen ihn im Zusammenhang seiner Geschichte wahrnehmen, synoptisch, das Getrennte zusammenschauend. Und damit sind wir wieder auf die Ausgangsfragen unseres Jahrhunderts zurückgeworfen. Wir gehen erneut ins Offene und sehen mit den geschichtlichen Defiziten stärker denn je die Gefahren und den Ernst der Lage, worin wir uns befinden. Aber wir dürfen sie nicht länger vereinfachen. Der historischen Bedeutung einer Überwindung der Teilung des europäischen Kontinents eingedenk sein, das heißt, *Gesamteuropa in seiner Vielfalt und Einheit zu denken*. Der Wunsch, daß die Solidarität zwischen den europäischen Völkern unter Achtung ihrer Geschichte, Kultur und Tradition gestärkt werde, fordert uns dazu auf, die Frage zu stellen, wer dazu gehört und Anteil am einheitlichen Wesen Europas und seinem Weg in der Zeit hat.

11 Vgl. Hagen Schulze, Die Wiederkehr Europas, Berlin 1991, S. 57.

II

Europa – wo liegt es? Diese Frage kam in der frühen Neuzeit auf, als sich nach dem Scheitern aller Versuche, die Grundeinheit des karolingischen Großreiches in veränderter Form zu bewahren, das westliche Kerneuropa in Nationen dislozierte – Dislokation, wir erfahren es in unseren Tagen erneut, beunruhigt und macht unsicher. Die Unsicherheit hat früh begonnen. Sie drückt sich zum Beispiel darin aus, daß die Franzosen und Deutschen bald nicht mehr wissen, ob Carolus Magnus Charlemagne oder Karl der Große zu nennen ist. Und die Unruhe, sie wächst, sobald die westeuropäischen Nationen, kaum daß sie vereinheitlicht sind, sich ausdehnen und in der Ausdehnung über Europas Grenzen hinaus fremde Völker, Sitten, Gebräuche entdekken. Innerhalb der Grenzen veranlaßt das Ausschließungen, Zusammenschlüsse, Gleichgewichtsvorstellungen unter den Nachbarvölkern, die sich dabei selbst als einheitliche Nationen oder Vaterländer mit unterschiedlichen Sitten und Gebräuchen identifizieren. Ein Prozeß, der statt größerer Einheit die Vielfalt Europas vor Augen führt, und dies um so mehr, als sich gleichzeitig die christlichen Konfessionen im Streit um den wahren Glauben vervielfältigen. Um sie kennenzulernen und die eingetretene Ortsverschiebung Europas räumlich und in der Zeit zu vermessen, mußte man reisen.

Einer von vielen, der sich zu diesem Zwecke während des 30jährigen Krieges als Soldat anwerben läßt und dann kreuz und quer durch Europa reist, ist der französische Philosoph Descartes. Nahe der Grenze zur Bretagne geboren, wo sein Vater als juristischer Ratgeber am

Parlament tätig war, mag Descartes ein anschauliches Bild von der natürlichen Vielgestaltigkeit Europas gewonnen haben. Wie sich jenes milde, jahreszeitengleiche Klima der Bretagne mit ihrer felsigen, reichgegliederten und zerklüfteten Küste am Atlantik zum winterkälteren und sommerheißeren Klima der übrigen kompakten Landmasse von Frankreich verhält, das hat ein Kenner dieser Verhältnisse, Alexander von Humboldt, gelegentlich bemerkt, »so verhält sich gewissermaßen Europa zum großen Festlande von Asien, dessen westliche Halbinsel es bildet«.[12] So nimmt Descartes auf seinen Reisen von Paris über Amsterdam nach Kopenhagen und hinunter nach Venedig und Rom als deutsche Besonderheit überheizte Kachelöfen wahr.[13] Nachdem er längere Zeit in Holland lebt, erhält er eine Einladung an den Hof von Stockholm. Er zögert, ob er sie annehmen solle, mit der Begründung, ein Mann seiner Herkunft, der jetzt in einem Land weile, wo es »vielleicht nicht so viel Honig gibt wie in dem Land, das Gott den Israeliten verheißen hatte, aber vermutlich mehr Milch: kann sich nicht so leicht entschließen, es zu verlassen und in das Land der Bären zu ziehen und zwischen Klippen und Gletschern zu leben«.[14] Als er während seiner Soldatenzeit den Wunsch verspürt, europäische Länder im Osten zu erkunden, da soll er, wenn wir den

12 Kosmos. Entwurf einer physischen Weltbeschreibung, Stuttgart/Tübingen 1845, Bd. 1, S. 350 f.

13 Descartes, Discours de la Methode (1637), II, 1, in: Ouveres, publiées par. Charles Adam et Paul Tannery, Paris 1917–1913, T. XII, p. 47. Vgl. Machiavelli, Bericht über Deutschland vom 27. Juni 1508, in: Gesammelte Schriften, hrsg. von H. Floerke, Bd. 2, München 1925, S. 208 f.

14 Loc. cit., V, S. 349.

etwas unsicheren Nachrichten trauen dürfen, bis nach Danzig und weiter südlich bis Böhmen und Ungarn gekommen sein.

Rußland gibt es für Descartes so wenig wie für den englischen Hofphilosophen Francis Bacon, der nur bis Paris kommt, oder für Thomas Hobbes, der zweimal die übliche Kavaliersreise nach Italien unternimmt, ohne von der Route London-Florenz abzuweichen. Mit Descartes berühren sich beide im neuen Vernunftgedanken eines Machtübergewichts als ausschlaggebendem Einheitsfaktor, der sich ihnen mit dem alten Gedanken der Universalmonarchie verbindet. Wie Descartes vielleicht hofft, daß der erste, vergebliche Entwurf eines europäischen Staatenbunds durch Heinrich IV., den geliebten Patron seines Schulkollegs in La Fléche, wo das Herz des großen Königs verwahrt wird, einmal von den Nachfolgern auf dem französischen Thron verwirklicht würde, so ruhen Bacons Hoffnungen auf der Ausdehnung Englands, die der Verlagerung des europäischen Schwergewichts vom Mittelmeer auf den Atlantik entspricht. Daß der Inselstaat künftig, »wenn er sich mit Schottland vereinigt, Irland zur Ruhe gebracht, die Seeprovinzen der Niederlande unter seinem Schutz zusammengefaßt und die Seeherrschaft erfolgreich behauptet hat, bei rechter Abschätzung der Kräfte eine der größten Monarchien sein wird, die die Welt gesehen hat«.[15] Mit Descartes treffen sich Hobbes und Bacon schließlich in der Ansicht, daß für solche Zukunftsgestaltung eine Kenntnis der Geschichte Europas und seiner Völker von den Anfängen her nicht in Betracht komme, ja, daß

15 Vgl. R. W. Meyer, Leibniz und die europäische Ordnungskrise, Hamburg 1948, S. 228.

Geschichtskenntnis rationaler Politik geradezu hinderlich wäre. Warum? Weil der Umgang mit Menschen anderer Jahrhunderte dem Reisen ähnlich sei. Es ist gut, sagt Descartes, die Sitten verschiedener Völker ein wenig kennenzulernen, um über die einheimischen besser zu urteilen: »Verwendet man jedoch zu viel Zeit aufs Reisen, so wird man schließlich im eigenen Lande fremd.«[16]

Anders der in Sachsen geborene Leibniz, den ich hier erwähnen muß. Nachdem er in der Jugend ähnlich planlos wie seine philosophischen Zeitgenossen unterwegs war, unternimmt Leibniz erst im Dienst des Kurfürsten von Mainz, dem Kanzler des Heiligen Römischen Reiches Deutscher Nation, und dann des Welfenhauses in Hannover diplomatische Rundreisen an die großen Höfe im Westen, Süden und Südosten. Sie dienen dem einzigen Ziel, die fortschreitende Dislokation Europas durch Großmachtpolitik, Konfessionsstreitigkeiten und die osmanische Bedrohung auf dem Balkan aufzuhalten. Was mir nicht weniger wichtig erscheint: Leibniz reist im eigenen Land, das er in seiner Offenheit für regionale Unterschiede und individuelle Vielfalt kennenlernt und mit westeuropäischen Tendenzen zur Vereinheitlichung vergleicht. Nirgendwo gäbe es so viele freie Städte und Universitäten wie in Deutschland, während doch »in England, wenn man Schottland davon tut, nur zwei sind«.[17] Nirgendwo bestehe eine solche Menge regierender Höfe, ein »herrliches Mittel, wodurch sich so

16 Discours de la Methode, I 8, loc. cit.

17 G. W. Leibniz, Denkschrift von der Aufrichtung einer Akademie in Deutschland, in: Deutsche Schriften, hrsg. von W. Schmied-Kowarzik, Bd. I, Leipzig 1916, S. 68.

viele Leute hervortun können, die sonst im Staube liegen müßten«.[18] Und kein Land Westeuropas kenne mehr die politische Unabhängigkeit der Stände und ihre abgestufte Repräsentation auf Kreis- und Landtagen mit ihrem tief verwurzelten Hang zum Partikularismus, der alle zentralistischen Bestrebungen vereitele und trotz seiner Schwächen Anknüpfungspunkte für eine deutsche Einigung auf föderaler Grundlage biete - wie sie Leibniz, wegweisend für die deutsche und europäische Zukunft, als erster konzipiert.[19]

Leibniz nimmt früh wahr, wie parallel zur westlichen Ausdehnungspolitik im Osten nach der Abwerfung des Tatarenjochs durch das Moskauer Großfürstentum ein Einheitsstaat entsteht, der sich nach seiner Vorhersage weiter nach Westen ausdehnen und durch Gefährdung der polnischen und deutschen Freiheit Europa vollends dislozieren wird. Eine wirkliche Gefahr, so Leibniz, nachdem er durch Gespräche auf seiner Reise erkannt hat, daß sich die russische Politik dem osmanischen Machtstreben widersetzt, stelle sie jedoch erst dann dar, wenn das Land daran gehindert werde, sich nach westlichem Muster zu entwickeln.[20] Was nicht heißt, daß Rußland alles, auch die Laster und den Luxus, vom Westen übernehmen sollte, sondern seiner Lage gemäß könnte es auch von China lernen, vor allem die Ethik des Maßes und der Verhaltenheit, die im europäischen Kulturkreis zu kurz gekommen sei.

---

18 Ders., Ermahnung an die Deutschen, ihren Verstand und ihre Sprache besser zu üben, ebd. S. 7.

19 H.-P. Schneider, Leibniz als ›Erfinder‹ des Bundesstaats, in: Studia Leibnitiane, Suppl. XIX (1980), S. 251 ff.

20 Vgl. D. Groh, Rußland im Blick Europas, Frankfurt/M. 1988², S. 45.

Als Wichtigstes sei schließlich die Audienz bei Peter dem Großen in Torgau an der Elbe (1711) genannt, an jenem Ort, wo im April 1945 amerikanische und russische Truppen aufeinandertreffen. Hier hat Leibniz die Vision eines *Gesamteuropa mit Rußland als Brücke zu Asien* und zwar fast gleichzeitig mit der Vision von Amerika als westlich-protestantischer Weltmacht, die ihre Glaubensbrüder in Europa politisch und wirtschaftlich stärken werde. Ich zitiere aus einem Brief kurz nach der Begegnung mit dem Zaren: »Es scheint, es sey die Schickung Gottes, daß die Wissenschaft den Kreis der Erden umbwandern und nunmehr auch zu Scythien kommen solle und daß E. M. diesfalls zum Werkzeug versehen, da sie auf der einen Seite aus Europa, auf der anderen aus China das Beste nehmen und was beyde gethan, durch gute Anstalt verbessern können. Denn weil in dero Reich großen Theils noch alles die Studien betreffend neu und gleichsam in weiß Papier, so können unzählich viele Fehler vermieden werden, die in Europa allmählich und unbemerkt eingerissen.«[21] Leibniz setzt die Wissenschaft mit dem Gang der europäischen Kultur gleich. Ihr Ursprung liegt in Griechenland, gleich an der Grenze zu den Völkern am Schwarzen Meer, die Leibniz mit dem griechischen Geschichtsschreiber Herodot »Skythen« nennt. Nachdem sie den Erdkreis durchlaufen und alle technischen wie zivilisatorischen Möglichkeiten aus sich entbunden hat, wendet sich die Wissenschaft dorthin, wo man sie noch niemals besaß und darum um so dringender brauchen wird.

21 Leibniz an Peter I. v. 16. XII. 1712, in: D. Groh/D. Tschizewskij (Hrsg.), Europa u. Rußland. Texte zum Problem des westeuropäischen u. russischen Selbstverständnisses, Darmstadt 1959, S. 16.

III

Gesamteuropa - aus welchen Ländern besteht es? Zur Beantwortung dieser Frage orientieren wir uns an jener alten Landkarte, die der amtlichen Drucklegung des Maastrichter Vertrags durch das Generalsekretariat des Rates und die Kommission der Gemeinschaften - ohne Namensnennung oder nähere Angaben zur Person des Künstlers - vorangestellt worden ist. Sie stammt von dem holländischen Kupferstecher und Kartographen William J. Blaeu (1571-1638), der zeitweilig im Dienst des Prager Astronomen Tycho Brahe stand. Und erstaunlicherweise umfaßt sie bereits alle östlichen Länder, die sich heute Europa besonders nahe fühlen und in die europäische Gemeinschaft hineinzuwachsen wünschen, darunter die Türkei und Rußland. Es sind Vorstellungen aus dem Zeitalter des Humanismus, der sich durch Übersetzungen griechischer Geschichtsschreiber und Geographen von Herodot über Ptolemaios bis hin zu Strabon das Verständnis entlegener Grenzgebiete der antiken Mittelmeerkultur erschließt. Nach diesen alten Vorlagen entgrenzen die Humanisten das abendländisch-westliche Europabild und verschaffen sich ein Verständnis der ursprünglichen Ausdehnung von der Küste des Atlantik bis hin zur Schwarzmeerküste mit dem Don als Grenzfluß zu Asien.[22] Und obwohl sie sich darin einig sind, daß Europa eigentlich kein eigener »Kontinent« ist, jedenfalls nicht darstellt, was dieses Wort (von lat. continere, »zusammenhalten«) besagt - eine zusammenhängende Landmasse - rechnen sie das

22 Vgl. Herodot, IV, 45.

südliche und mittlere Rußland zum Einzugsbereich der alteuropäischen Kultur. In dieser Größe bildet die Karte auf dem publizierten Text des Maastrichter Vertrages Europa ab.[23]

Es bleibt jedoch zu ergänzen, daß das hier gezeichnete Bild eines bis hin nach Polen und Litauen, Ungarn und Transsylvanien, Bulgarien und Rußland reichenden Gesamteuropa mit Böhmen im Zentrum schon auf Holzschnittafeln des frühen 16. Jahrhunderts vorbereitet und als visuelle Personifizierung der »Frau Europa« im barocken Gewand einer Hofdame in H. Buntings ›Itinerarium Sacrae Scripturae‹ (Helmstadt 1581) und Sebastian Münsters ›Cosmographia‹ (Basel 1588) verbreitet worden ist. Und ich füge hinzu, daß wir auch hierfür die Vorlagen kennen. Sie weisen zurück auf die unter Kaiser Karl IV. verbreitete Vorstellung einer Verbundenheit der Länder des Kontinents mit Böhmen als Herz der »Königsjungfrau Europa« (1537), die der Geograph Wechel für dessen Nachfolger in Prag symbolisch kartographiert: mit Spanien als Haupt, Frankreich als linker Schulter, Deutschland als Brust, Italien als rechtem Arm und dann Griechenland (mit Konstantinopel) und Rußland (mit Moskau) als unteren Gliedern (1592).[24] Von zeitgenössischen Fachkollegen wird dies als Hofschmeichelei kritisiert, aber im übrigen für »sinnreich« befunden, weil man das Bild »füglich auch auf die Eintracht der Christenheit und auf die wahr und wahr-

---

23 Vertrag über die Europäische Union, S. 4 – Für freundliche Hinweise zur Interpretation der Karte danke ich meinem vormaligen Kollegen Eugen Wirth vom Institut für Geographie an der Universität Erlangen-Nürnberg.

24 Pamatnik Narodniko Pizemnictui U Praze, 1592.

haftige Vorherrschaft Japhets beziehen« könne.[25] An der europäischen Ausdehnung von Westen nach Osten, das besagt die traditionell-christliche Europa-Allegorese, erfüllt sich die alttestamentliche Vorhersage über Verteilung und Herkunft der Völker aus Noahs Stamm (1. Mos. 10, 2–31), die in Japhets (»latinisiertem«) Namen (latitudo, »Breite«) sich am weitesten über die Welt ausdehnen und einmal einträchtig unter einem Dach zusammenwohnen werden (1. Mos. 9,27).[26]

Die allegorischen Ausdeutungen sind das Ergebnis eines vordem unbekannten Interesses am östlichen Europa und überhaupt an Erkundungsreisen in ferne Länder und Gegenden, das im italienischen Frühhumanismus auflebt. Es erwächst aus der Erfahrung, daß das Leben weniger einförmig ist, als man glaubte, und die Natur schöner, als man ahnte, besonders die Schönheit der Landschaft, die sich jetzt öffnet und den Sinn für die Ferne weckt.[27] Damit erwacht, um mich der humanistischen Sprechweise zu bedienen, der »europäische Gemeinsinn«, vordem unbekannte oder unterdrückte Solidaritätsgefühle zwischen westlicher und östlicher Christenheit, die trotz konfessioneller und politischer Trennungen durch gemeinsame Schicksale des Glaubens und der Herkunft verbunden sind. Es ist eine Solidarität über Konfessionsgrenzen hinweg, die der

25 So der Geograph Postel (1561). Vgl. E Rosenstock-Huessy, Die europäische Revolution und der Charakter der Nationen, Stuttgart 1951², S. 37.

26 Vgl. J. Fischer, Oriens-Occidens-Europa. Begriff und Gedanke ›Europa‹ in der späten Antike und im frühen Mittelalter, Wiesbaden 1957, S. 11 f.

27 Vgl. J. Burckhardt, Die Kultur der Renaissance in Italien. Ein Versuch, in: Gesammelte Werke, Bd. III, Darmstadt 1962, S. 199.

Frühhumanismus zuletzt auf das Gefühl der dem Menschen eingeborenen Freiheit und Würde seiner Natur zurückführt,[28] womit das spätere Verständnis universaler Freiheits- und Menschenrechte vorbereitet wird.

Sein kulturgeschichtlich bedeutsamstes Zeugnis findet der erwachende Gemeinsinn unter den europäischen Völkern in zwei wissenschaftlichen Hauptwerken von Papst Pius II., den wir unter dem Humanistennamen Enea Silvio Piccolomini kennen, zur Geographie und Geschichte Asiens und Europas. Während das eine Werk (Asia, 1461) vor allem das Gebiet des osmanischen Reiches behandelt, enthält das andere (De Europa, 1558) eine Synopsis der europäischen Völkervielfalt und Kulturgeographie, wobei es die östlichen Länder vor den westlichen auffallend bevorzugt.[29] Die Schrift beginnt mit Ungarn und der Balkan-Region, jenem bis heute empfindlichsten Raum im europäischen Südosten, und erreicht dann über Mähren, Polen und Litauen die Grenzen Rußlands, um von dort den Blick auf Deutschland sowie die westlichen Länder und zuletzt auf Italien zu lenken. In der Vorrede von 1458 bekennt der Humanist auf dem Papstthron, in der Geschichte werde Ernst und Wahrheit gesucht, im Mythos dichterisch belebtes Gedankenspiel. Um die Wahrheit zu suchen, ist Enea, der eine Zeitlang in Österreich weilte, nichts zu klein und unbedeutend. Selbst das damals winzige Berlin und die Mark Branden-

---

28 Pico della Mirandola, De hominis dignitate, in: Opera, Bologna 1496. Vgl. W. Dilthey, Weltanschauung und Analyse des Menschen seit Renaissance und Reformation, in: Gesammelte Schriften Bd. II, Stuttgart/Göttingen 1960^{6}, S. 20, 64, 138 u. ö.

29 E. S. Piccolomini, De Europa, in: Opera, Basileae 1558, S. 387–471.

burg werden mit dem Vermerk bedacht, sie lägen an einem Fluß namens »Spree«, der dem Tiber gleiche. Und wenn er über das Ida-Gebirge auf Kreta spricht, den Geburtsort von Zeus, der nach dem griechischen Mythos die asiatische Königstochter Europa übers Meer auf diese Insel gebracht hat, da beklagt Enea das Schwinden des vormaligen Fichtenbestands mit den Worten: »Auch die Bäume haben ihren Tod; alles auf der Erde ist sterblich.«[30]

Die Klage inmitten des mythischen Gedankenspiels wird verständlich, wenn wir bedenken, daß dieses erste Europa-Buch vor dem Erfahrungshintergrund eines großen bedeutungsschweren Ereignisses geschrieben worden ist: der osmanischen Eroberung von Byzanz. Darin eingeflossen sind Erfahrungen westlich-abendländischen Versagens gegenüber der Ostkirche, bis hin zum vergeblichen Versuch, kurz danach die in Frankfurt am Main versammelten Reichsstände mit der Wahrheit der Geschichte und dem offenbaren Ernst zu konfrontieren, daß damit die Christenheit nicht mehr in Afrika oder Asien, sondern in Europa, »also in unserem Vaterland, in unserem eigenen Haus, an unserem Wohnsitz aufs Schwerste getroffen wurde (nunc vero in europa, id est patria, in domo propria, in sede nostra percussi caesique sumus)«.[31] Ein unerhörter Satz, der Europa als geschichtlich vertraute, durch Antike und Christentum über die Zeiten hinweg verbundene Lebensgemein-

30 Ebd., S. 143.

31 J. Müller (Hrsg.), Die Kirche und die Einigung Europas. Dokumentierte Darlegung (1955), S. 136. Zum geschichtlichen Hintergrund vgl. A. Lhotsky, Aeneas Silvius und Österreich, Basel/Stuttgart 1965.

schaft charakterisiert. Und er wird ausgesprochen, um ihre Gefährdung bewußt zu machen und sie durch Verteidigungsmaßnahmen im Kampf gegen die osmanische Bedrohung zu einigen. Nach dem Scheitern seiner Einigungspolitik bleibt Enea nur das gedruckte Wort und der Rat seiner Humanistenfreunde, für den Titel seines Buches das vieldeutige Wort »Abendland« zugunsten von »Europa« zu verwerfen und zu beschreiben, worin das Eigene des Hauses und Wohnsitzes oder – ich interpretiere – der ererbte Fundus besteht, der die Lebensgemeinschaft der europäischen Völker im ganzen trägt. Die Beschreibung erfordert die Neuvermessung der Grenzen Gesamteuropas. Ihre Kriterien sind einfach und berücksichtigen den Aufstieg des Moskauer Staats zur Schutzmacht der griechisch-orthodoxen Christenheit. Soweit der Osten von Christen bewohnt wird, gehört er zum europäischen Vaterland und nicht zu Asien. Darum schließt Europa Rußland ein, ohne die »Tartarei«, wie sich versteht und in unserer Landkarte zur Gründung der Europäischen Union angezeigt wird.[32]

IV

Gesamteuropa, so lautet das Fazit unserer kurzen Denkreise in die Vergangenheit, ist eine Humanisten-Erfindung. Ist es also eine ähnliche Fiktion wie die Gleichsetzung der östlichen Hälfte des Karolingerreiches mit der abendländischen Christenheit, wogegen westliche Gelehrte im Namen ihrer sich formierenden Vaterländer

32 Vertrag über die Europäische Union, S. 4.

immer wieder opponierten?[33] Das scheint mir voreilig gefolgert. Denn die Humanisten, die Einbildungen dieser Art kritisieren, sind Philologen und Historiker.[34] In der Kritik des schriftlich überlieferten Wortes scheiden sie das Fingierte vom Faktischen, das nicht zu bezweifeln ist, weil seine Wahrheit aus geschichtlich gut bezeugter Quelle bewiesen werden kann. Gewiß wäre es ein Leichtes, durch eine vergleichende Betrachtung der literarischen Vorlage aus jener Zeit den Abstand aufzuweisen, der sich zwischen dem humanistischen Europabild und der Wirklichkeit auftut. Und dies nicht erst seit heute oder gestern, als jenes Bild entstand, sondern seitdem die slavischen Völker unglücklicherweise im Schatten des Glaubenszwiespalts zwischen Rom und Byzanz missioniert wurden, bis die fragile Einheit der Christenheit auch in den östlichen Grenzländern an innerkirchlichen Differenzen zerbrach, so daß für die *Slavia* niemals voll eingelöst werden konnte, was die mittelalterliche Bildwelt figürlich versprach: ihre Gleichberechtigung neben der *Romania* im Westen und der *Germania* in der Mitte Europas. Hier mußte vieles fiktiv bleiben, um konfessionelle Zerklüftungen zu verdecken.

Als freie Geister sehen die Humanisten jene Kluft, die sie im Rückgang auf die griechischen Quellen des Christentums und den Dialog mit der byzantinischen

33 Vgl. O. Halecki, Europa. Grenzen und Gliederung seiner Geschichte, Darmstadt 1957, S. 118.

34 Vgl. Lorenzo Valla, De Constantino donatione, in: J. Vahlen (Hrsg.), Lorenzo Valla, Opuscula I–III, Wien 1862. Vallas Vorschlag, statt vom »Abendland« von »Europa« zu sprechen, geht wahrscheinlich auf seine Herodot-Übersetzung zurück.

Kultur abarbeiten,[35] während der Beitrag von Byzanz zum europäischen Erbe von den Freigeistern der westeuropäischen Aufklärung im Namen des wissenschaftlich-kulturellen Fortschritts verleugnet wird. (Man denke an die Herabsetzung der griechischen Orthodoxie als Hort des »Aberglaubens« in der Geschichtsschreibung des 18. Jahrhunderts von Montesquieu über Edward Gibbon bis hin zu Voltaire.)[36] Und in manchem anerkennen die Humanisten die geistige Überlegenheit des Ostens, der dem Westen in der Sprache des Griechentums seine christlichen Grundlehren und die ethische Grundstellung gegenüber den menschlich geschaffenen Werken der Kultur (von Kunst, Technik und Wissenschaft) formuliert hat; was sie für unser heutiges Problem einer Rückbindung an die nicht vom Menschen geschaffene Natur interessanter macht als das »aufgeklärte« Fortschrittsdenken, womit sie nicht mehr zu lösen sind.

Seltsam genug, daß sich die Fortschrittsdoktrin noch in der Gründungsakte zur Europäischen Union artikuliert, die verspricht, »die wirtschaftlichen und sozialen

35 Vgl. P. O. Kristeller, Der italienische Humanismus und Byzanz, in: Humanismus und Renaissance I, München o. J., S. 145–160 (= UTB 914). Aus der humanistischen Bewegung geht hervor Hieronymus Wolf, der ein Corpus byzantinae historiae konzipierte (vgl. G. Ostrogorsky, Geschichte des Byzantinischen Staates, München 1968, S. 1 f.); ferner Du Cange, Historia Byzantina. Vgl. dazu P. Tzermias, Das andere Byzanz, Freiburg (Schweiz) 1991.

36 Vgl. Montesquieu, Considérations sur les causes de la grandeur des Romains et de leur décadence (1734); Voltaire, Essai sur l'histoire générale et sur les mœurs et l'esprit des nations (1756); E. Gibbon, The History of the Decline and Fall of the Roman Empire (1776–1788).

Fortschritte ihrer Völker« zu fördern und das Wort geradezu als Zielvorstellung des Einigungsprozesses verwendet.[37] Die Aufklärer hatten den Fortschritt mit der Idee fortschreitender Naturbeherrschung des Menschen durch wissenschaftlich-technische Mittel verknüpft und ihn wie einen Götzen verehrt. Und sie hatten dann seine Verwirklichung für die Zukunft der ganzen Menschheit vorhergesagt: genau so, wie es jenes viel beschworene »Projekt der Moderne« festschreibt, das die europäische Geschichte zum durchsichtigen Medium seiner Zukunftsentwürfe verwendet und dadurch ihren Fundus bis auf das Residuum der mit der Humanität gleichgesetzten Menschenrechtsidee aufzehrt. Die Vorhersage hat sich erfüllt, denn die ganze Erde ist heute bis in die fernsten Winkel von Asien und Afrika durch die Ausbreitung europäischer Technik und der zu ihr erforderlichen Naturwissenschaft und rationalen Wirtschaftsgestaltung »europäisiert«. Ist sie damit »menschlicher« geworden? Hat sich mit der Europäisierung der Menschheit auch die große Verheißung der westeuropäischen Aufklärung bestätigt, wonach die Humanität ihren Siegeszug über die Erde antreten werde, sei es im Namen des »Fortschritts im Bewußtsein der Freiheit« (Hegel) oder der »Entwicklung« von Kultur und Zivilisation? Wir wissen, daß dies nicht der Fall ist, daß es dieselben Mittel der Europäisierung gewesen sind, die Europa zweimal während des abgelaufenen Jahrhunderts in den Abgrund geführt und seine Idee der Humanität ins Gegenteil verkehrt haben. Und wir ahnen, daß wir heute, nachdem das wieder erstarkte Europa eine Wirtschaftsmacht bildet, am Scheideweg stehen.

37 Vertrag über die Europäische Union, S. 4.

Man mißverstehe mich nicht: Die Humanitätsidee der Aufklärung hat uns die Grundrechte und die Gründung bürgerlicher Freiheit im modernen Verfassungsstaat gebracht. Mit ihren Grundwerten der Solidarität und Menschenwürde bildet diese Idee die Brücke zwischen den Völkern und Kulturen. Dennoch fällt sie nur dem Wortlaut nach mit der Menschheit zusammen. Sie ist kein einheitliches Gebilde, sondern hat ihren Ursprung teils im neuzeitlichen Gegensatz zur kirchlichen Erlösungsidee und ihrem Anspruch, einen anderen, den christlichen Menschen hervorzubringen, teils in der Opposition des alten Natur- und Gewohnheitsrechts gegen das Zwangsrecht des staatlichen Absolutismus der Neuzeit. Und je nachdem, auf welche geschichtliche Lage der Gedanke eines dem Menschen natürlichen Freiheitsrechts trifft, verbinden sich damit alle anderen Befreiungen, das Grundrecht der Freizügigkeit, die Freiheit der Wissenschaft und Kunst, die Glaubens- und Gewissensfreiheit und schließlich auch das Recht auf Unabhängigkeit personaler Lebensführung von einer konventionellen Moral. Es ist lediglich, um mit Ernst Troeltsch zu sprechen, der das Uneinheitliche der modernen Humanitätsidee im einzelnen herausgearbeitet hat, »der allgemeine Verjüngungs- und Befreiungsvorgang gegenüber Kirche, Absolutismus und Dogmen aller Art, was dem Ganzen das Gesicht der Gemeinsamkeit und Gleichartigkeit verleiht«.[38] Ein zeitlos und rational notwendiges Prinzip hat die Idee nach Troeltsch eben darum niemals repräsentiert, weshalb sie auch im europäischen Osten und Südosten rechtlich unentfaltet

38 Vgl. Ernst Troeltsch, Der Historismus und seine Probleme (1922), in: Gesammelte Schriften Bd. III, Nachdruck Aalen 1961, S. 195.

geblieben ist, von den asiatischen und mittelamerikanischen Hochkulturen ganz zu schweigen.

Die Humanitätsidee ist Bestandteil einer europäischen Geschichtskonstellation, die im östlichen Europa von anderen Aspekten als im Westen bestimmt war. Die Ausgangslage ist zunächst auch in Ungarn und Tschechien, in Polen und Litauen, ja zeitweilig selbst im heutigen Weißrußland und in der Ukraine die gleiche: der humanistische Geist, der sich in der Pflege von Kunst und Wissenschaft, Geschichtsschreibung und Politik konkretisiert. Aber die Entfaltung zum Menschenrechtsgedanken mitsamt dem darin angelegten Gedanken der Gewaltenteilung, sie wird in diesen Ländern durch kulturelle Sonderentwicklungen oder russische und preußisch-österreichische Großmachtpolitik gehemmt.

In Deutschland wird die ganze Konstellation vom humanistischen Aspekt der Kunst und des individuellen Ethos unabhängiger Lebensformen geprägt. Man denke an die ästhetische Humanität der Weimarer Klassik, die sich in kleinen Kreisen kultivierter Geselligkeit verortet oder ins rein Menschliche individueller Gesinnung zurückzieht und die unfähig ist, das Ganze der Kultur zu tragen. Deshalb greift sie auf das antike Griechenland zurück, um im Umweg über seine Identifikation mit der »reinen Natur« den individualistischen Schein der Idee abzustreifen und ihre Universalität zu begründen. Anders verhält es sich in der angelsächsischen Konstellation, wo bis zum heutigen Tag der ästhetische mit dem politischen und historisch-kritischen Aspekt im ursprünglichen Geist des Humanismus vereinigt ist. Diesem Boden sind die »humanities« verhaftet, wie im englischen Sprachraum die bei uns so genannten

Geistes- und Kulturwissenschaften heißen, die ihre Weite von der humanistischen Entdeckung der antiken Bürgergesellschaft (civil society) empfangen. Es ist ein ursprüngliches Bauelement Europas, das im direkten Zugang zur Antike gefunden werden konnte. Durch seine Verschmelzung mit der christlichen Idee der Gottesbürgerschaft aller Menschen (Civitas Dei) wurden dann die Elementarbegriffe des Bürgers und der Bürgerlichkeit gedanklich erschlossen und dem Baugefüge der modernen Verfassungsstaaten zugrundegelegt.

Alle diese Elemente der europäischen Humanitätsidee stellen keine zeitlos ewigen, universalen Vernunftwahrheiten dar. Es handelt sich, wie das der humanistisch geschulte Jurist und Philosoph Gottfried Wilhelm Leibniz ausgedrückt hat, um faktische Wahrheiten, die geschichtlich geschaffen und gewachsen sind. Geschichtswahrheiten sind für Leibniz nicht nur historisch gewordene und verständliche, mehr oder weniger gehaltreiche Maßstäbe unserer nächsten und eigensten Welt,[39] sondern sie bezeugen sich auch in der Wirksamkeit von Werken der Kunst und Wissenschaft, der Religion und Politik, die nach Maßgabe ferner, längst vergangener Welten zu uns sprechen und sich immer wieder in unvorhersehbaren Kraftwirkungen zur Geltung bringen.

Europa, das hat Leibniz gesehen und zu allgemeinem Bewußtsein gebracht, bildet sich in einer Zweiheit von Zeiten, der Antike und der Moderne. In dieser Verschränkung bauen sich die Elemente der europäischen Kultur auf. Und auch diese sehr verschiedenen Bauelemente schichten sich übereinander, so daß die daraus

39 So die etwas verkürzte Auslegung von E. Troeltsch, ebd., S. 196.

hervorgehende Welt selbst nicht homogen ist, sondern eine Vielfalt von Welten darstellt. Kein Multiversum mit entsprechender »Multikultur«, sondern ein Universum, das Universale im Grundsinn jenes Wortes für das Weltganze, worin sich immer schon die Vielheit in eins »umkehrt« (uni-versari), das Individuelle mit dem nationalen Gepräge einer vielschichtigen Kultur verflochten ist und beides zu universeller Einheit erhebt, so wie es in der Begegnung zwischen Moderne und Antike, der europäischen Nationen und Vaterländern mit dem einen Vaterland, der patria Europae, vom Zeitalter des Humanismus abwärts bis an die Schwelle unserer Zeit geschehen ist.

V

Europa - woher kommt es? Wenn ich diese letzte Frage meines Vortrags im Anschluß an Leibniz' Grundgedanken des kulturellen Universums als einer Einheit in der Vielheit von Kultur-Welten zu beantworten versuche, muß ich seine Skizze des europäischen Weges im Rahmen der Weltgeschichte[40] vor- und rückwärts ergänzen.

Leibniz' Rückschau hält sich an die ethischen Grundgesetze des Judentums, das als einziges unter den altorientalischen Völkern die »Ehrfurcht vor der höchsten Gottheit« (den Monotheismus) bewahrte. Nach Erfüllung seiner Messiashoffnung im Glauben an Christus

40 G. W. Leibniz, Scientia generalis (um 1680), 11-13, in: Wolf von Engelhardt (Hrsg.), G. W. Leibniz, Schöpferische Vernunft. Schriften aus den Jahren 1668-1686, Münster/Köln 1955, S. 234-242.

und das von ihm gelebte und gelehrte Gotteswort über die Kraft der Liebe inmitten des Hasses konnte es in den judenchristlichen Gemeinden mit dem ins Allmenschliche strebenden Ethos der Spätantike zusammentreffen und das römische Imperium überwinden.

Mit der Ausbreitung des Christentums löst sich die alte Mittelmeerkultur auf. Sie verlagert sich auf jene germanisch-romanischen Völker im Nordwesten des Kontinents, die sich unter dem Druck des islamischen Ansturms im 8. Jahrhundert zum Karolingerreich zusammenschließen und damit den »christlichen Namen« in Verbindung mit Europa »ganz fest begründen«.[41] Zuletzt blickt Leibniz auf fortdauernde Gefährdungen seiner Einheit durch die osmanischen Nachfahren des Islam, die nach seiner Auffassung nur dank der überlegenen Kultur europäischer Wissenschaft seit ihrem Wiederaufleben im Zeitalter des Humanismus bewahrt worden sei.

Hier fügt sich der Gedankengang an das denkwürdige Gespräch mit Peter dem Großen an, worin Leibniz behauptet hatte, es sei der Wissenschaft vorherbestimmt, den ganzen Erdkreis zu umwandern und sich von Europa nach Rußland zu wenden. Die Bestimmung ist »fundamental«, sofern der ererbte Fundus neben Grund und Boden alle liegenden Güter und daraus entspringenden Einkünfte umfaßt, ein Stiftungsgut, das sich zu vermehren und auszubreiten vermag. Die Wissenschaft, ihr Fundament und Wachstum seit den Griechen ist ein tragendes Kulturelement, das Europa in der Abgrenzung zu anderen Kulturen, die stärker von der

41 Ebd., S. 241.

Religion und darauf basierenden Herrschaftspraktiken getragen sind, eigene Gestalt verleiht.[42]

Wahres hatte auch die Dichtung gesprochen, als sie den Mythos vom Raub der asiatischen Königstochter ersann, der den vermutlich schmerzlichen Vorgang einer Kulturneugründung beschönigt und dadurch falsch erscheinen läßt, denn bis sie sich in historischer Zeit trennten, sind Europa und Asien eins gewesen. Noch Herodot fragt sich, wann man den Erdteilen, die doch eigentlich ein ganzes Land bilden, verschiedene Namen - und dazu Frauennamen - gegeben habe.[43] So setzen die griechischen Historiker alles daran, durch Selbersehen (Autopsie) und Kritik überlieferter Zeugnisse das Wahre über die Trennungsgeschichte zu erforschen; und die im Forschen (Historie) gewonnenen Ergebnisse fordern dann die entsprechende Apodeixis, eine anschauliche Forschungsprobe. Sie erweist, ob man die Geschichte richtig befragt, folgerichtig geschlossen und nichts als die faktische Wahrheit dargelegt hat.

Dieses Wort - Apodeixis - wird bald ein Schlüssel zur Entdeckung der Logik wissenschaftlichen Folgerns und Begründens durch die griechischen Philosophen. Versprechen die Historiker, durch ihre Wahrheitssuche ein Besitztum für immer zu gründen,[44] so erheben sie den Anspruch, die Wissenschaft vom Wahren selbst und seine Erschließung der Natur zu sein, ihrer Grundform und Begründung in Sätzen, die überall, von allen und immer, das heißt ewig gelten. Es ist der Universalitätsan-

42 Vgl. H.-G. Gadamer, Die Vielfalt Europas, Erbe und Zukunft, in: Das Erbe Europas, Frankfurt/M. 1989, S. 37.

43 Ebd., IV 37-42.

44 Thykydides, Geschichte des Peloponnesischen Krieges, I, 22.

spruch der Wissenschaft und ihres Begriffs vom ewig Einen, der das zeitlich Viele von sich ausschließt und damit jene Grundspannung am Anfang der griechischen Philosophie hervorruft, die das europäische Denken bis hin zur Gegenwart zutiefst beeinflußt.

Die Spannung löst sich in der für das Werden und Wesen Europas charakteristischen Denkform des Einen, das in sich unterschieden ist und die Unterschiede ebenso auseinander- wie zusammengehen läßt; eine Form, das Wahre zu denken, die an einer Reihe inhaltlich stark divergierender Erfahrungsbeispiele in den Fragmenten von Heraklit abgelesen werden kann.[45] Entwickelt wird diese Denkform auf dem Höhenweg der klassisch-griechischen Ontologie des Einen und Vielen, die ihre Entsprechung in der politischen Philosophie des Bürgerbunds hat. Es handelt sich um ein zweites Kulturelement, das wir in Zeugnissen über den griechischen Stadtstaat (Polis) ausgebildet finden. Nach seinem Untergang konnte es dann über die römische Stadtbürgerschaft (Civitas Romana) auf die Städtewelt des hochmittelalterlichen Europas übertragen werden.

Jede Gemeinschaft ist eine aus Individuen bestehende Einheit in der Vielfalt. Und eine Gemeinschaft von Bürgern zu sein,[46] diese elementare politische Wahrheit, wie sie jede Polis schon dem Augenschein nach veranschaulicht, umschreibt einen Typus von Verbundenheit, der die für das Menschsein notwendige Bürgerlichkeit zum Inhalt hat: daß der Mensch befähigt und in der Lage sei, mit seinesgleichen verantwortlich,

45 Heraklit, Fr. B 8–10; B 51.

46 Vgl. Aristoteles, Politik I 1, 1252a 1–2.

gleichberechtigt und frei zu leben.[47] Abgelöst von seiner aristokratischen Bindung an den antiken Stadtstaat (wonach einige frei sind und sich die Herrschaft teilen), wird die hier artikulierte Idee der Bürgergesellschaft (Societas Civilis) im Medium des frühhumanistischen Verständnisses spezifisch »menschlicher Bürgerlichkeit« (Civilitas humana) umformuliert und zum Prinzip der Humanitätsidee erhoben, die dann in den Menschenrechtserklärungen demokratischer Verfassungsstaaten (worin der Idee nach alle frei geboren sind und an der Herrschaft teilhaben) zum Durchbruch gelangt. Es scheint mir kein Zufall zu sein, daß wir die erste Gestaltgebung auf dem Boden der entstehenden Geschichtsforschung fassen können, die eben darum »Wissenschaft« ist, weil sie mythische Schleier der Wahrheit zerreißt und auf den Grund des werkhaft Geschaffenen und Fortwirkenden zu gelangen sucht, um es dem menschlichen Gedächtnis einzuprägen.[48]

Daß es zu dieser Ausgestaltung der Idee kommen konnte, hängt mit einem dritten Element zusammen, das den geistigen Weg Europas aus der Antike in die Moderne vorzeichnet. Ich meine die Stellung des Christentums zwischen den Zeiten und Völkern, seine eigentümliche Zwischenstellung im Auseinandertreten von west- und oströmischer Kirchengemeinschaft, die sich am geschichtlich unterschiedenen Verhältnis zum posi-

47 Näheres in meiner Studie: Auf der Suche nach dem Bürgerbund, in: Geschichte und Gegenwart 3. Jg. (1984), S. 187 ff.

48 Vgl. Herodot, Historien, I 1–4, der seine Geschichte mit der Abgrenzung zwischen mythischen Europa-Fiktionen und historisch erkundbaren »Taten« (Erga) von Hellenen und Barbaren beginnt, die Europa (und Asien) in wechselseitiger Auseinandersetzung geschaffen haben.

tiven Recht und Glaubenskanon und zur Sphäre der Kultur im weitesten Sinne dieses Wortes (unter Einschluß von Kunst und Wissenschaft) ausprägt.

Gegen das von westlichen Aufklärungsphilosophen gestützte Vorurteil über die Genese des Unterschieds, wonach sich der Aufbau des katholischen Christentums in der westlichen Reichshälfte stärker am rationalen Gefüge des Römischen Rechts orientiert habe, spricht das Faktum, daß es im Osten durch griechisches Gedankengut bereichert und im übrigen unter Kaiser Justinian kodifiziert worden ist. Was sich die Juristen im Zeitalter des Humanismus an den Fakultäten der europäischen Universitäten als römische Rechtskultur aneignen, betrifft im wesentlichen »die in Italien glossierte und von den Postglossatoren den Zeitbedürfnissen angepaßte spätrömisch-byzantinische Gesetzgebung«.[49] Allerdings begünstigt die antike Begründung kaiserlicher Gesetzesbefugnis (Dig. 1,4: ›De constitutionibus principum‹) im Osten die Einheit von weltlicher und kirchlicher Gewalt, während sie dem Westen umgekehrt Argumente im Kampf gegen die päpstliche Allmacht liefert.[50] Den Anstoß zur Gewaltenteilung in ihrer weiteren gegen die Konzentration der Herrschaftsgewalt gerichteten Fassung gibt jedoch die europäische Humanitätsidee selbst, die ohne das Licht von Christi Liebesbotschaft (mit Leibniz gesprochen: das »unglaubliche Feuer seiner noch lebendigen Worte«)[51] nicht hätte entfaltet werden können.

49 Vgl. P. Tzermias, Das andere Byzanz, S. 105.

50 So H. Fenske, Art. Gewaltenteilung, in: O. Brunner/W. Conze/R. Koselleck (Hrsg.), Geschichtliche Grundbegriffe, Bd. 2, Stuttgart 1975, S. 925.

51 G. W. Leibniz, Scientia generalis, 12, S. 236.

In Leibniz' Perspektive handelt es sich um den »Brunnquell des europäischen Wesens«,[52] jene Quelle aller Wahrheiten, aus der das Wesenhaft-Mögliche wie das Historisch-Faktische entspringen und auf dem Grunde der den Europäern ursprünglich gemeinsamen Sprache in der christlich gestifteten Gemeinsamkeit ihrer religiös getrennten Überlieferung zusammenfließen. Stiftungsgut ist die altkirchliche Trinitätslehre, wonach das göttliche Wort (Logos) als Anfang und Licht der Welt in Jesus Christus Mensch geworden sei. Ohne Formelkram besagt die Lehre, was das Evangelium vom Gottessohn verkündet: daß sich die Verehrung der höchsten Gottheit nicht in der Ehrfurcht vor dem Gesetz erschöpfe, sondern in der durch Christi Leben bezeugten Liebe zum Menschengeschlecht vervollkommne und dann in der Teilhabe am Geist der reinen Gottesliebe und Ausbreitung alles Guten und seiner Lichtstrahlen in der Welt vollende.[53]

Leibniz hat daran mit Kant die Annäherung an den wahren Religionsglauben vorgebildet gesehen, der bei allen Völkern der Christenheit mit dem Glauben an den dreieinigen Gott als allmächtigen Weltschöpfer und Gesetzgeber, als Erhalter des Menschengeschlechts und guten Regierer und schließlich als Sachwalter seiner eigenen heiligen Gesetze oder gerechten Richter zusammenfällt. Über Leibniz hinaus hat Kant weiter gefolgert, daß die so verstandene Trinitätslehre eigentlich nichts

52 Ders., Unvorgreifliche Gedanken betreffend die Ausübung und Verbesserung der deutschen Sprache, in: Deutsche Schriften, hrsg. von W. Schmied-Kowarzik, Bd. I, Leipzig 1916, S. 36 ff.

53 Ders., Theodicée (1710), Préface, in: G. W. Leibniz, Opera philosophica, ed. J. E. Erdmann, Berlin 1840, S. 468 f.

Geheimnisvolles enthalte, sondern sich der menschlichen Vernunft von selbst darbiete, ja sogar im »Begriffe eines Volks als gemeinen Wesens« enthalten sei, »worin eine solche dreifache obere Gewalt (pouvoir) jederzeit gedacht werden muß, nur daß dieses hier als ethisch vorgestellt wird, daher diese dreifache Qualität des moralischen Oberhaupts des menschlichen Geschlechts in einem und denselben Wesen vereinigt gedacht werden kann, die in einem juristisch-bürgerlichen Staate notwendig unter drei verschiedenen Subjekten verteilt sein müßte«.[54]

Im Unterschied zu Kant und dem Zeitalter der Aufklärung hatte sich Leibniz zum Glauben an die übervernünftige Wahrheit der Trinitätslehre bekannt, die wir nach seiner Einsicht so wenig rational zu erklären vermögen wie die geschaffene Welt selbst und ihre geschichtliche Ordnung.[55] Sie ist und bleibt ein Geheimnis, dem wir uns in Ehrfurcht und Liebe (der bis hin zu Leibniz fortwirkenden Haltung der frühhumanistischen devotio moderna) nähern können; am Ende bleibt uns dafür nur Bewunderung und Anbetung.

In dieser Grundhaltung hat sich Leibniz mit seinen humanistischen Vorgängern einem Zug des östlichen Christentums geöffnet, der im Westen nach dem Abbruch des ökumenischen Gesprächs während des 8. Jahrhunderts unzugänglich geworden war und sich dann durch das kirchliche Schisma nach der Jahrtausendwende vollends verschloß. Er mußte sich verschlie-

54 Ders., Religion innerhalb der Grenzen der bloßen Vernunft (1793), 3. Stück, in: G. W. Leibniz, Werke, Akademie-Textausgabe, Bd. VI, Berlin 1968, S. 139 f.

55 Ders., Theodicée, I, § 23, ebd., S. 486.

ßen, weil die westliche Theologie inzwischen vollständig latinisiert und den Glaubenserfahrungen der frühchristlichen Gemeinden entfremdet war. Denn es sind vor allem griechische Kirchenväter und Theologen gewesen, die dem anfänglichen Christentum seine Glaubenserfahrung des dreieinigen Gottes in dreifach offenbarer Gestalt deuteten. Als Griechen taten sie das vermittels jener nur ihnen so vertrauten Denkform des anfänglich Einen, das sich von sich unterscheidet und die Unterschiede seiner zweifachen Natur gemäß entfaltet, um sie im Geist der Einheit in der Vielfalt mit sich zu verbinden. Und es macht ihre Größe und geschichtliche Bedeutung für das Werden Europas aus, daß sie in der Anbetung des höchsten Gottes und seinem Anruf (»Höre, Israel!«) die griechische Verehrung des Göttlichen im Hören auf den einen Logos in allem Erscheinenden wiedererkannten und im Namen des Geistes der Gottheit in der Höhe die Ehre belassen, während sie das westlich-abendländische Menschentum von Anbeginn im Bild herabzuziehen und dem Menschen zu verähnlichen trachtet.

Das ist der theologische Vordergrund des sogenannten Bilderstreits in Byzanz, der im Hintergrund mit den auseinanderstrebenden Wegen der europäischen Kultur zusammenhängt. Und ich erinnere abschließend nur an den Ausgangspunkt einer langen Epoche westlicher Kurzsichtigkeit: Wenige Jahre nach der Abwehr des arabischen Ansturms in Südfrankreich, die ohne byzantinische Hilfe wahrscheinlich mißglückt wäre, blieben römische Würdenträger dem ökumenischen Konzil von Nicaea (787) fern, offensichtlich weil dem Westen die bildliche Anschauung des Göttlichen bereits eine Selbstverständlichkeit war. Sie verhielten sich so, als ginge sie die Sache nichts an, obwohl der dort gefaßte

Beschluß: daß es erlaubt sei, Ikonen, also vom Menschen gemachte Werke wie alle Kunst und Technik anzufertigen und zu verehren, daß aber diese Verehrung nur Ehrerbietung und nicht Anbetung sein dürfe,[56] für den Fortgang der westlich-abendländischen Kultur wegweisend hätte sein können. Seitdem hat diese Kultur die Welt nach ihren Vorstellungen vermessen und ist dabei vorwärts geschritten, bis hin zur Anbetung von Menschenwerk und zum Versagen von Ehrfurcht und Liebe gegenüber eigener und fremder Überlieferung.

Im Wissen um den tieferen Zusammenhang mit dem Weg Europas und seinen Gefährdungen haben die besten unter den Denkern und Künstlern des Westens nach Zeiten der Abkehr immer wieder das Gespräch mit dem Osten gesucht und sich auf Gemeinsamkeiten besonnen. Die Wiederkehr dieser Besinnung charakterisiert unsere Zeit, ja, sie scheint mir geradezu das eindringlichste Zeugnis europäischer Kultureinheit zu sein. Der politischen Gestaltung des einheitlichen Europas ist diese Einheit vorgegeben, und sie sollte eine Vorgabe für die Politik sein. Darin sehe ich die große Herausforderung an die heutigen Geistes- und Kulturwissenschaften. Im Bewußtsein der Vielfältigkeit europäischer Überlieferung finden sie hier ihren tiefsten Grund und zugleich die Aufgabe vorgezeichnet, sie für das kommende Europa zu bewahren und über alle Wandlungen seiner Geschichte hinweg neue Brücken zu bauen.

56 E. Stakemeier, Das siebte ökumenische Konzil. Bilderkult und Einheit der Kirche, in: Unio Sanctorum. Festschrift L. Jaeger, Paderborn 1962, S. 243–361. Zum historischen Kontext vgl. H.-G. Beck, Geschichte der orthodoxen Kirche im byzantinischen Reich, Göttingen 1980, S. 79–81 (gleich B. Moeller [Hrsg.], Die Kirche in ihrer Geschichte, Bd. 1, Lieferung D1).

Diskussion

Kerber: Viele Jahre haben wir darauf vertraut, daß die europäische Einigung durch die wirtschaftliche Eigendynamik zustande kommt. Jetzt brauchen wir einen kulturellen Anstoß. Es war Charles de Gaulle, der den Gedanken hatte, ein *ministère de la culture* zu schaffen und es mit einer so brillanten Persönlichkeit wie André Malraux zu besetzen. Ich bin kein Philosoph, aber mich interessiert, wie man den europäischen Fundus, der in unserer dekadenten Zeit in Vergessenheit gerät, in politische Form kleiden kann. Brauchen wir ein *ministère de la culture européen*?

Riedel: Mir scheint, daß Maastricht nicht der Anfang, sondern das Ende eines durch die Ökonomie getragenen Prozesses ist. Die Forderung nach einer europäischen Kulturpolitik möchte ich mit Nachdruck unterstützen. Was meinen wir, wenn wir von der Unionsbürgerschaft sprechen? Wer ist europäischer Bürger? Was heißt eigentlich Bürgerschaft? Es waren Humanisten, die im Italien des 14. und 15. Jahrhunderts den Begriff der Bürgergesellschaft geprägt haben. Sie haben damit nichts anderes getan, als das antike Kulturideal eines Menschentums, das in Freiheit und Verantwortung politisch tätig ist, für die Moderne zu erneuern. Ohne die Eröffnung einer kulturellen Dimension im politischen Vereinigungsprozeß werden große Schwierigkeiten auf die Europäer zukommen.

von Voss: Welche Bedeutung ordnen Sie in einer größer gewordenen Gemeinschaft der nationalen Souveränität zu? Brauchen wir in Europa nicht einen verfassungsbildenden Prozeß, der nicht mehr lange auf sich warten lassen darf, wenn die groß gewordene europäische Gemeinschaft politisch funktionstüchtig werden soll?

Riedel: Wir sind uns sicherlich einig, daß die Epoche der politischen Einheitsbildung durch den Nationalstaat vorüber ist. Das hat Konsequenzen. Die Frage nach dem Ort der Kultur wird mehr und mehr eine Frage nach den Regionen. Es hat immer schon die europäischen Völker, auch die Deutschen ausgezeichnet, daß sie keine geschlossenen Nationen waren; dazu sind sie erst durch eine bestimmte Politik definiert worden. Die deutsche Nation, die in der Formel des Heiligen Römischen Reiches vorkommt, ist in Wahrheit eine Nation aus Nationen, eine Nation in Vielfalt.

So ist es auch in Belgien und in Holland, um von der Schweiz gar nicht zu reden. Wir könnten von der »Föderalnation« sprechen. Der Föderalnation wird eine wichtige Aufgabe in der geistigen Steuerung des Egalisierungsprozesses zufallen, der sich notwendigerweise mit der wirtschaftlichen Einigung verknüpft. Die Egalisierung des Alltagslebens, die Egalisierung des Wahrnehmungshorizontes der Zukunft und des Sinnes für die Vergangenheit, des Zeitsinnes in einem jeden von uns ist ja schon da, und ihr muß gegengesteuert werden. Also: Die Kulturpolitik muß an die föderalen Wurzeln Europas anknüpfen.

Was Nietzsche gegen den Patrioten der Vaterländer setzt – das Idealbild des guten Europäers –, formiert sich im Frühhumanismus. Wir müssen erkennen, was es für uns heute bedeutet. Wir können wieder frei atmen, seit die nationalstaatliche Einengung unserer Lebenswelt durch den europäischen Einigungsprozeß aufgelockert wird. Ich halte es mit den Humanisten: Was für eine herrliche Zeit zu leben! – Ich möchte hinzufügen: Herrlich ist sie nur, wenn wir zurückdenken. Es gilt das Humanistenwort *ad fontes*. Der gute Europäer ist eine Erfindung von Nietzsche, aber in Wahrheit bezieht sich Nietzsche auf die großen Geister Machiavelli und Erasmus von Rotterdam.

Nonnenmacher: Ich möchte Sie in Ihrer Funktion als Hochschullehrer nochmals auf die Forderung nach einem europäischen Kulturministerium oder Kulturminister ansprechen. Angesichts des Flurschadens, den die Wissenschafts- und Kulturminister in diesem Land an den Hochschulen angerichtet haben, angesichts des Kahlschlages, den die Kulturdezernenten derzeit in den deutschen Kommunen anrichten, möchte ich Sie bitten, die abstrakt wohlmeindende und wohltönende Forderung nach einem *ministère de la culture européen* konkreter zu formulieren. Was soll denn dieser Mensch, diese Frau oder dieses Gremium tun? Wie soll der organisatorische Rahmen aussehen?

Riedel: Ich möchte darauf hinweisen, daß mit der Schaffung einer Unionsbürgerschaft der europäische Einigungsprozeß eine Stufe erreicht hat, die ein Gegensteuern – gegen die Uniformierung der ökonomischen Großprozesse – erforderlich macht. Dabei denke ich auch an die einzige wirklich europäische Universität, die wir in Florenz haben. Werner Maihofer, ihr zeitweiliger Rektor, hat immer beklagt, daß an der europäischen

Universität in Florenz nur Eurokraten oder technische, juristische, politikwissenschaftliche Experten ausgebildet werden und viele Fächer fehlen, die dem Namen Europauniversität erst Ehre machen würden. Ich denke in diesem Zusammenhang weniger an ein Ministerium als an eine Europauniversität, die sich durchaus vervielfältigen könnte, zum Beispiel in den östlichen Ländern.

Kirchhof: Ihre Überlegungen zu den philosophischen Fundierungen Europas veranlassen mich zu der Frage: Wie können wir die kulturelle Gemeinsamkeit in der Gegenwart greifbar machen, wie können wir ihrer habhaft werden? Ich meine, daß wir in einem wesentlichen Teil der europäischen Integration, nämlich der europäischen Menschenrechtskonvention - sie verdient den Namen »europäisch«, weil sie in ihrem Geltungsanspruch Gesamteuropa als kulturgeographischen Begriff erfaßt - weit sind. In dem Bewahren dessen, was europäische Kultur in der Kontinuität bis zur Gegenwart meint, sind wir weiter als oft gedacht.

Insofern glaube ich nicht, daß wir in erster Linie in neuen Institutionen denken müssen, die unsere Kultur als Gemeinsamkeit entfalten könnten. Wir brauchen nur die Linien der Kultur in der Rechtsordnung nachzuziehen, um das zu etablieren, was Sie europäische Kultur nennen. Ich darf an die Entwicklung des Rechts und an die Pionierfunktion der Universitäten erinnern, die Sie angesprochen haben. Unsere Vorgänger an den deutschen Universitäten haben vor 150 Jahren noch römisches Recht gelehrt. Es bezeichnete wie selbstverständlich eine Gemeinsamkeit des Denkens, des Begreifens der Welt in lateinischen Begriffen und damit eine Gemeinsamkeit für Wirtschaft, Handel, Verkehr und

Begegnung. Wir haben darin einen Fundus, den es zu entfalten gilt und der nicht nur institutionell aufzuarbeiten ist.

Riedel: Wenn ich an meine Erfahrungen in den neuen Bundesländern denke, besonders an die Kontakte, die ich von dort aus mit dem östlichen Europa und mit Rußland zu knüpfen suche, so besteht zumal in der jungen, der kommenden Generation im Osten ein dringendes Bedürfnis, selber in den Gedankenaustausch einzutreten und den Fundus, den sie hat, wiederaufzuarbeiten. Denn dort ist mit der Überlieferung Tabula rasa gemacht worden.

Es ist eine um so größere Aufgabe, als das heutige Rußland nicht mehr im engeren Sinne ein christliches Land ist, was tendenziell auch für westliche Länder zutrifft. Ich will damit sagen, daß hier die Geschichte auf einen Erfahrungsraum von wenigen Generationen zurückgeschraubt worden ist, der 1917 oder 1789 endet. Was davor liegt, ist wenig bekannt. Das kann unabsehbare Konsequenzen haben. Damit liegen gewaltige Aufgaben vor uns, die im akademischen Alltagsgeschäft, aber eben auch durch Institutionen aufgenommen werden müssen.

Seidel: Zurück zu Florenz, das ist ein Graduiertenkolleg. Die eigentliche Universität, die zu den nationalen Universitätensystemen in Konkurrenz treten würde, haben wir bislang nicht geschaffen, obwohl sie in dem Weltbild von Rom mehr oder minder obligatorisch vorgesehen ist. Das scheint mir bezeichnend zu sein für die Situation, die wir ungeachtet dreißigjähriger Integrationsbemühungen haben. Der Rahmen für Kommunikation, Edukation und Bildung ist nach wie vor national geordnet. Die europäische Staatsbürgerschaft hat im Grunde noch nicht viel gebracht. Sie ist ein Bündel derjenigen Rechte, die ein Nichtinländer im Gastland hat, ohne daß - von einigen Komponenten abgesehen - die Rechte hinzutreten, die ein neues Loyalitätsbewußtsein und eine Identifizierung schaffen könnten.

Riedel: Sie bezeichnen den springenden Punkt der gegenwärtigen Lage.

Mittelsten Scheid: Sie empfehlen als Leitfaden für den über den europäischen Bürger Nachdenkenden die Rückbesinnung auf den Humanismus. Mir scheint der Humanismus, den Sie skizziert haben, doch mehr eine Form elitären Denkens und Empfindens gewesen zu sein, die die breiten Schichten der Bevölkerung weder damals noch heute erreicht hat. Ganz anders der Nationalismus. Der Nationalismus war eine sehr starke politische Kraft. Ich frage mich, ob er mit der elitären Bewegung des Humanismus vergleichbar ist.

Riedel: Ich verkenne den elitären Charakter des Humanismus nicht. Aber dieser Charakter sprengt doch zugleich Schranken, die bis dahin bestanden haben. Denn in zunehmender Zahl verbinden sich die Kenner des Altertums und der gelehrten Studien mit den Herrschenden, und die Herrschenden selber werden zu Kennern des Altertums und der gelehrten Studien. Dieses Ideal von gestern will ich gar nicht als Fahne hochhalten, sondern nur anzeigen, welche sozialen Neubildungsprozesse eines »europäischen Gemeinsinns« vor der Bildung der Nationen in Gang gekommen sind.

Die europäische Seele, sofern es sie gibt, ist eine Seele aus Seelen. Sie ist vielfältig. Es ist die griechische Welt, die die Humanisten entdecken und durch die sie mit Byzanz ins Gespräch kommen. Es ist die jüdische Welt. Es ist die neutestamentliche Welt, die aus dem Hellenischen herauswächst. Es ist das karolingische Europa. Und es ist die Neuzeit. Die europäische Welt ist eine Welt aus Welten. Und sie ist eine Zeit aus Zeiten. Die Moderne wird nur dadurch das, was sie ist, indem die Antike entdeckt wird. Die Welt des Europäers ist eine Welt aus Welten. Sie ist plural.

Elitäres hin, Elitäres her: Wenn diese Europäer uns gesagt haben, was wir sind, daß wir in uns eine Zeit aus Zeiten tragen, daß in uns eine Welt aus Welten lebt und waltet, dann haben sie das Richtige gesagt, nämlich das, was ist. Das, was ist, wird aber heute durch den einsinnigen Einigungsprozeß verdeckt und verstellt. Ich will nur auf die Gefahr hinweisen.

von Wolff-Metternich: Eine Bemerkung zu Ihrer These, daß der Gedanke Gesamteuropas eine Erfindung der Humanisten sei. Mir leuchtet ein, daß gerade der Verlust Konstantinopels die Humanisten bewogen hat, Osteuropa, das östliche Christentum, nicht nur wahrzunehmen, sondern in seiner Andersheit auch ernst zu nehmen. Es ist eine Entdeckung, die nicht nur die Humanisten gemacht haben.

Problematisch scheint mir zu sein, daß die Fixierung des europäischen Denkens auf Westeuropa nun so einseitig den Aufklärern angelastet wird. Mir scheint das insofern irritierend zu sein, als der europäische Gedanke insgesamt nicht im Vordergrund des aufklärerischen Denkens steht, sondern über das kulturell

Gewordene hinaus das auf das Universalistische im Sinne der Menschheit gerichtete Denken im Vordergrund steht. Ich denke dabei an Kant.

Riedel: Die nach dem Krieg verbreitete Gleichsetzung des Westens mit dem Abendland war ein historischer Irrtum. Die Humanisten hatten ihn schon korrigiert. Die Orientierung der Aufklärer an der Menschheit ist eine Fiktion, die nicht auf faktischen Wahrheiten beruht. Sie verwechselten Europa mit der »Welt« und den zivilisierten Europäer mit »dem Menschen«. Kant ist ein Sonderfall, er bedenkt auch das Faktische.

Es ist eine faktische Wahrheit, daß Deutschland in der Mitte Europas liegt, sich von Frankreich unterscheidet und doch mit ihm auf eine historisch einzigartige Weise verbunden ist. Und daß die Slavia am spätesten europäisiert wird: teils von Rom, teils von Byzanz aus, wobei der Humanismus nur die Westslaven erfaßt, mit Schwerpunkt in Ungarn und Polen. Diese faktischen Wahrheiten können nur durch ein gründliches Studium der Sprache und der historischen Zeugnisse, die in diesen Regionen vorfindlich sind, wiederaufgearbeitet werden.

von Weizsäcker: Wenn man in der Wissenschaft tätig ist, ist man ja heute abgesehen von der eigenen Muttersprache ausschließlich auf das Englische bezogen. Durch das Internet sind wir heute in einem Kommunikationsprozeß, der auf englisch stattfindet und die Identifizierung nach Westen außerordentlich verstärkt. Die kulturellen Gedankenströme fließen heute über die elektronischen Medien erstens in einer Sprache, die mehrheitlich außerhalb Europas gesprochen wird, obwohl sie aus Europa stammt, und zweitens mit einem Druck zur Vereinheitlichung.

Riedel: Das Englische ist heute das, was das Lateinische im Mittelalter war, die universale Sprache der miteinander kommunizierenden Menschen. Daran besteht kein Zweifel. Aber die Engländer und Amerikaner werden zugleich an ihren Hochschulen in den *humanities* unterrichtet.

Stabreit: Was Sie über die Rolle gesagt haben, die Byzanz in der Bindung von arabischen Kräften und damit in den Auswirkungen auf die Kraft des arabischen Vorstoßes nach Europa gespielt hat, wäre historisch nur relevant, wenn es sich um ein abgestimmtes Vorgehen gehandelt hätte. Aber das war meiner Ansicht nach nicht der Fall. Ich stimme völlig mit Ihnen darin überein, daß der Fundus, den uns die Humanisten erarbeitet haben, also das, was uns eint, aus drei Elementen besteht. Es ist die griechische philosophische Tradition, aber auch die politische Überlieferung Griechenlands, es ist das Staats- und Rechtsdenken Roms, und es ist die Scholastik, die Theologie, wie sie sich in der Reformation äußert.

Wie kommt es denn, daß die griechisch-orthodoxe Kirche, die theologisch ein eigenes Profil hat, nichts von den beiden anderen Elementen in das große Reich im Osten hat übertragen können?

Natürlich gehört Rußland zu Europa. Aber es ist innerhalb Europas doch ein sehr starkes Aliud, und es fehlt ihm sehr Wesentliches, das für uns heute unabdingbar ist. Das mag sich mit der Zeit ändern, wozu wir das Unsere beitragen können. Aber bis dahin?

Riedel: Die orthodoxe Kirche hat mit dem Griechischen keine Sprachpolitik getrieben, im Unterschied zur Latinisierung im Westen. Es hat die Nationalsprache in Liturgie und Kultur zugelassen. Im übrigen hat Byzanz jahrhundertelang militärische Potentiale des Islam gebunden und damit den Westen de facto entlastet. Was die Gegenwart angeht: Es wird jetzt erkennbar, daß ein falsch verstandener Marx durch den Exekutor der Marxschen Theorie, Lenin, die aus der byzantinischen Tradition herkommende Kultur des russischen Reiches mehr oder weniger zerstört hat. Wer regelmäßig mit Freunden aus Moskau oder Petersburg spricht, weiß, was das bedeutet.

Alles, was bei uns geschieht und was für die Zukunft gestaltet wird, wäre zur Disposition gestellt, wenn es nicht gelänge, in Rußland geistiges Vertrauen zu schaffen. Dazu braucht das Land im Austausch mit dem Westen Zutrauen zu den kulturellen Wurzeln Gesamteuropas. Man bedenke, daß es Rußland zweimal nicht möglich war, den Prozeß der Europäisierung in einem tieferen Sinn, nämlich im Einklang mit der eigenen christlichen Geschichte weiterzuführen. Es hat dafür mit Blut bezahlt, zuerst im 13. und 14. Jahrhundert und dann in diesem Jahrhundert. Materiell, im Automatismus des ökonomischen Geschehens, wird sich die westliche Lebensform ausbreiten, durchaus im Einklang mit Karl Marx. Denn nach der '48er Revolution beobachtete Karl Marx, was im östlichen Raum geschah, und stellte fest, daß das Kapital eine zivilisatorische Mission im Osten habe. Wenn es diese Mission nicht erfülle und den Osten nicht zivilisiere, würden die Blutopfer der Geschichte weitergehen. Ich weiß, es ist nicht mehr Mode, heute Marx zu zitieren, aber das ist eine historische Wahrheit. Marx hat insoweit recht.

Karel van Miert

Karel van Miert

Beharrung in Brüssel

Zur Entwicklung der europäischen Institutionen

Betrachten wir die vor uns liegenden Herausforderungen, so ist klar, daß wir in Europa vor einem Reformprozeß von historischer Tragweite stehen. Die Regierungskonferenz ist nur die erste Etappe des Weges, aber deswegen für den Erfolg des gesamten Prozesses von fundamentaler Bedeutung. Ich wage zu behaupten, daß das vor uns liegende Programm vor allem wegen seiner politischen Komplexität mit der Gründungsphase der Europäischen Gemeinschaft verglichen werden kann. Die Herausforderungen sind deswegen so schwierig, weil sie fast alle zugleich auf uns einstürmen.

Was in Maastricht I nicht geregelt wurde, müssen wir jetzt schaffen. Die Erweiterung ist eine historische und politische Notwendigkeit. Zudem sind die Mitgliedstaaten untereinander mit einer Menge Schwierigkeiten konfrontiert und stehen innenpolitisch vor großen Herausforderungen, weil nicht alle ein »good government« haben. Man denke daran, wie lange es gedauert hat, bis Italien wieder Stabilität bekam. Gleichzeitig ist in den Mitgliedstaaten eine neue Diskussion aufgelebt, die im Zeichen von Regionalisierung oder Föderalisierung steht. In Deutschland gibt es Streit zwischen den Ländern und dem Bundesstaat.

Lassen Sie mich meine Ausführungen wie folgt gliedern: Zeitpunkt und Bedeutung der Regierungskonferenz, inhaltliche Prioritäten und Reformvorschläge und schließlich einige Impressionen zum gegenwärtigen Stand der Verhandlungen.

Zeitpunkt und Bedeutung der Regierungskonferenz

Der Termin für die gegenwärtige Regierungskonferenz steht bereits seit 1991 fest. Schon am Ende der Verhandlungen zum Maastricht-Vertrag über die Europäische Union wurde vereinbart, sie 1996 einzuberufen, um die sich herausbildende Union beizeiten weiterzuentwikkeln. Mit dem Maastrichter Vertrag waren bekanntlich zwei hochgesteckte Ziele verfolgt worden: Eine einheitliche Währung sowie eine konvergierende Wirtschaftspolitik der Mitgliedstaaten sollten das Potential des Binnenmarktes ausschöpfen helfen. Die Union sollte eine echte politische Dimension erhalten, damit sie die Herausforderungen im Inneren meistern und sich auf der weltpolitischen Bühne besser behaupten kann. Da beide Ziele in einem untrennbaren Zusammenhang stehen, aber nur die Wirtschafts- und Währungsunion richtig auf den Weg gebracht werden konnte, sah man schon bei Abschluß des Maastrichter Vertrages die Notwendigkeit, die in Ansätzen entstandene politische Union zu festigen.

Der kurze historische Abriß verdeutlicht, daß sich diese Regierungskonferenz wesentlich von den vorhergehenden unterscheidet. Es geht nicht darum, eine neue Wirklichkeit zu schaffen, sondern darum, das bestehende Vertragswerk zu stärken. Es muß besser funktionieren, und wir müssen auf neue Herausforderungen, besonders auf die Erweiterung reagieren können. Die Regierungskonferenz, die voraussichtlich ein Jahr, also bis Sommer 1997, dauern wird, steht heute in einem Kontext, der so nicht vorhersehbar war. In den nächsten Jahren werden in Europa eine Reihe großer Entscheidungen getroffen, 1998/99 muß über den Eintritt in die dritte Stufe der Verwirklichung der Währungsunion entschieden werden. Wir sind auf einem guten Weg, aber noch lange nicht am Ziel.

Ende 1998 wird der Vertrag über die Westeuropäische Union kündbar. Wir müssen uns jetzt also klar darüber werden, welche verteidigungspolitische Ordnung wir in Europa, auch was das Verhältnis zu Amerika und zur NATO angeht, wollen. Wenn die Konferenz in diesem Punkt zu keinem Ergebnis kommen sollte, so blieben zum Beispiel die neutralen Staaten, die Beobachterstatus bei der Westeuropäischen Union haben aber nicht Mitglied der NATO sind, also Österreich, Finnland, Irland und Schweden weiterhin außerhalb einer europäischen Sicherheitsstruktur.

1999 wird im Anschluß an das 1992 beschlossene »Delors-II-Paket« die Finanzierung der Union neu verhandelt und für die Jahre 2000 bis 2005, vielleicht auch darüber hinaus, festgelegt. Dabei wird es zu einer Diskussion über die Zukunft der Schlüsselfelder der Union kommen, also der Agrar-, Kohäsions- und Strukturpolitik, das ist unausweichlich. In der Vergangenheit war es fast immer die Bundesrepublik, die dafür gesorgt hat, daß am Ende genügend Haushaltsmittel bereitstanden. Aber inzwischen hat sich die Lage geändert, und man sollte nicht darauf zählen, daß die Niederländer oder die Belgier sich bemühen. Für diese Rolle stehen keine Kandidaten bereit.

Wohl aber für eine andere Rolle. Die Kohäsionsländer stellen hohe Ansprüche. Sie wollen, wenn es eine Erweiterung gibt, die heutigen Mittel weiterhin erhalten. Sie werden das zur Bedingung machen. Es ist sehr heikel, sollte aber nicht verschwiegen werden: Wenn es um Erweiterung geht, braucht man Geld. Ich kann mir nicht vorstellen, daß es eine Erweiterung gibt, ohne daß man auch den mittelosteuropäischen Staaten etwas zusteckt. Das wird die Sache erheblich komplizieren. Und es geht ja nicht nur um Mittelosteuropa, sondern auch um Malta und Zypern.

Der Europäische Rat von Madrid hat im Dezember letzten Jahres bestätigt, daß die Beitrittsverhandlungen mit Malta und Zypern bereits sechs Monate nach Abschluß der Regierungskonferenz beginnen und die Verhandlungen mit den anderen Beitrittskandidaten folgen sollen. Ob die Regierungskonferenz tatsächlich im Sommer nächsten Jahres beendet werden kann, ist eine offene Frage.

Unklar ist auch noch, mit wem verhandelt wird. Malta und Zypern ja, Polen, Tschechien, Ungarn ja - aber all die anderen, die auch beitreten möchten? Wem will man sagen: Mit euch reden wir nicht? Ich bin gespannt, wer die politische Courage hat, die Reihenfolge festzulegen.

Auch wenn diese Weichenstellung nicht explizit die Regierungskonferenz trifft, wird es doch kaum möglich sein, die jeweiligen Vorgänge isoliert voneinander zu behandeln. In dieser Verknüpfung der Ereignisse und in dem Bestreben, die Regierungskonferenz nicht allzu sehr zu überfrachten, liegt eine große diplomatische Herausforderung für die Mitgliedstaaten und für die Kommission.

Was die bevorstehende Erweiterung angeht, so möchte ich zwei Grundsätze hervorheben: Die Einbeziehung Mittel- und Osteuropas in den Prozeß der europäischen Integration ist nicht nur eine historische und moralische Notwendigkeit, sondern auch ein Garant für politische Stabilität unseres Kontinents. Gleichzeitig müssen wir uns klarmachen, daß eine Erweiterung von noch nie dagewesener Dimension bevorsteht. In vierzig Jahren ist die Gemeinschaft von sechs auf fünfzehn Mitgliedstaaten angewachsen. Heute streben zwölf neue Staaten und 100 Millionen Bürger in die EU.

Es wird lange dauern, bis von einer echten Integration die Rede sein kann. Wir wissen alle um die Schwierigkeiten mit den neuen Bundesländern in Deutschland. Wie optimistisch sind wir gewesen! Heute gehen wir selbstverständlich davon aus, daß die Integration viel länger dauern wird als erwartet. Aus der Lage in verschiedenen mittel- und osteuropäischen Ländern läßt sich nur der eine Schluß ziehen: Man muß vorsichtig sein. Zu rasches Vorgehen wird sich wahrscheinlich auf die betroffenen Staaten negativ auswirken, Realismus ist angebracht.

Die Union muß also über den ursprünglichen Ansatz der Regierungskonferenz hinaus ihre Verfahrens- und Funktionsweisen reformieren, um ihre Handlungsfähigkeit in einer größeren Union sicherzustellen. »Vertiefung vor Erweiterung« ist kein bloßes Schlagwort. Wir sollten die Gunst der Stunde nutzen. Eine bessere Gelegenheit als die laufende Regierungskonferenz bekommen wir nicht. Sie bietet uns die einmalige Chance, durch institutionelle Änderungen die Grundlage dafür zu schaffen, daß die großen Aufgaben bewältigt werden. Wir verhandeln zum ersten und aller Wahrscheinlichkeit nach auch zum letzten Mal zwischen fünfzehn Mitgliedstaaten. Die Erweiterung wird kommen, sie ist unausweichlich.

Inhaltliche Prioritäten und Reformvorschläge

Die Kommission erwartet von der Regierungskonferenz zuallererst die Stärkung der Union, und die ist nur in einem bürgernahen Europa gewährleistet. Natürlich ist Bürgernähe nicht nur in Europa schwierig. Die Vereinigten Staaten bestehen seit mehr als 200 Jahren, und noch immer gibt es Probleme mit dem Machtzentrum in Washington. Es ist einfach, die Bürger dagegen aufzubringen. Wir in Brüssel werden wie die Nationalstaaten selbst immer damit zu tun haben - der Norden Italiens redet jetzt abschätzig über Rom, ganz zu schweigen vom Süden.

Wir müssen die Bürger überzeugen, daß Europa trotz aller Schwierigkeiten wichtig ist und Teilhabe verlangt. Die Union muß verständlicher werden. Dies gilt sowohl für die Klarheit des Vertragswerkes selbst als auch für die Transparenz der Entscheidungen. Heute muß man Spezialist sein, um zu erkennen, wie was in Europa läuft. Ich hoffe, daß während der Regierungskonferenz Fortschritte in puncto Vereinfachung erzielt werden. Wesentlich ist die Information, was auf Unionsebene passiert und was nicht. Der Mißverständnisse sind viele, und geht etwas schief, ist eben nicht immer Brüssel schuld.

Ich bin jetzt optimistischer. In England war man immer gegen die Kommission als supranationales Organ, man war gegen Mehrheitsentscheidungen und gegen den Europäischen Gerichtshof. Jetzt aber ist man in Sachen Rinderwahnsinn vor eben diesen Gerichtshof gezogen und hat geklagt, ausgerechnet die Europäische Kommission sollte sich für eine Lösung einsetzen. London drängte plötzlich auf Mehrheitsbeschlüsse gegen Deutschland. Wenn sogar die Briten in einer Krise einsehen, daß man Mehrheitsbeschlüsse, Gerichtshof und Europäische Kommission braucht, auch wenn man sie nicht liebt, ist das immerhin bemerkenswert. Das Ereignis läßt hoffen.

Die Rechte des Europaparlaments müssen erweitert werden, anders läßt sich Volksverbundenheit nicht erreichen. Auf der Tagesordnung steht die europäische Demokratie. Die Bekämpfung der Arbeitslosigkeit bleibt bis auf weiteres eine Aufgabe der nationalen Politik. Aber unter makroökonomischen Gesichtspunkten könnte die Europäische Union Flankenschutz bieten und mehr unternehmen als zu unternehmen ihr gestattet ist. Wenn die Union einige zusätzliche Instrumente bekäme, hätten die Staaten den Nutzen. Es ist wichtig, zu beweisen, daß man nicht nur redet, sondern auch handelt.

Auf welches Feld man sich auch begibt, offenkundig ist der Mangel an Macht, der Mangel an europäisch kontrollierter Macht. Die Bundesrepublik hat völlig recht mit ihrer Feststellung, daß die Europäische Union gegen Kriminalität, Drogenmißbrauch und illegale Einwanderung viel mehr tun muß, als sie tut. Wenn die Binnengrenzen fallen, und faktisch fallen sie, sollte man nicht so tun, als fielen sie nicht.

Schlagen wir also das Kapitel des Maastrichter Vertrages auf, das die Zusammenarbeit in den Bereichen Justiz und Inneres zum Gegenstand hat. Bisherige

Anstrengungen sind immer wieder gescheitert. Warum? Weil das Instrumentarium, das für die Außen- und Sicherheitspolitik vorgesehen ist, auf die Bereiche Justiz und Inneres übertragen wurde. Besondere Erfordernisse sind nicht berücksichtigt. Wie kann man aber einen Bereich regeln, der die individuellen Rechte der Menschen berührt, ohne eine Kontrolle durch Parlament und Justiz vorzusehen? Mit überkommener zwischenstaatlicher Methodik ist heute nichts mehr zu gewinnen. Gerade die innere Sicherheit muß fester Bestandteil einer politischen Union werden.

Wir brauchen verbindliche Rechtsinstrumente. Wir brauchen eine parlamentarische und gerichtliche Kontrolle und für die Kommission, die über das gemeinsame Interesse waltet, das Initiativrecht. Der einfachste Weg, dahin zu kommen, läge in einer weitgehenden Vergemeinschaftung von Justiz und Innerem.

Wenn hier vorerst wenig Gutes zu erwarten ist, wie steht es dann um die außenpolitische Identität der Union? Das Wort Identität ist reichlich ambitiös. Gewiß, wir ringen darum, daß die Europäische Union außenpolitisch eine Identität erhält. Doch wird es noch lange nicht gelingen. Nationale Traditionen reichen weit in die Geschichte zurück. In mehreren Mitgliedstaaten wird noch lange Zeit versucht werden, die Rolle, die sie in der Welt gespielt haben, aufrechtzuerhalten. Einigen Mitgliedstaaten geht es sogar nur darum, auf dem Weg über die Europäische Union ihre nationale Außenpolitik zu stärken. Man muß realistisch sein, die Lage ist, wie sie ist. In kaum einem Mitgliedsstaat gibt es Ansätze zu einer europäischen Identität. Und dennoch muß man versuchen, immer wieder Elemente einer europäischen Außenpolitik zu stärken.

Wir vergessen leicht, daß die Union seit langem auf außenpolitischen Teilgebieten erfolgreich arbeitet. Sie ist die größte Handelsmacht auf der Welt, den Vereinigten Staaten und Japan ebenbürtig. Darüber hinaus ist sie der größte Geber auf dem Gebiet der Entwicklungshilfe und der humanitären Hilfe.

Regierungen versuchen immer wieder, die Logik, nein: die Dynamik der Entwicklung herunterzuspielen oder sie gar zu verneinen. Ich war vier Jahre lang für die Verkehrspolitik zuständig. Damals haben wir die Liberalisierung in der zivilen Luftfahrt durchgeführt und dabei vorausgesehen, daß die Europäische Union weltweit Verantwortung würde übernehmen müssen. Aber keine einzige Regierung teilte diese zwingende Sicht der Dinge.

Heute ist es soweit. Die Kommission hat gerade ein erstes Mandat bekommen, mit den Vereinigten Staaten über Luftfahrt zu verhandeln. Die Vereinigten Staaten spielen sonst die einen Europäer gegen die anderen aus, und alle werden das Nachsehen haben. Dem gilt es abzuhelfen, nicht nur in der Luftfahrt.

Angesichts der fortschreitenden Globalisierung der Märkte muß allerdings das Erforderliche getan werden, um auch in Zukunft als internationaler Handelspartner zu bestehen. Das eigentliche Problem liegt in der Schwäche der Union. Außenpolitik braucht Kontinuität. Genau die aber fehlt im System der halbjährlich wechselnden Präsidentschaft. Auch sonst sind wir institutionell nicht gerüstet und besitzen nicht einmal ein Minimum an Kontinuität. Gelegentlich stellt sich heraus, daß die Staaten, wenn sie sechs Monate lang den Vorsitz haben, in erster Linie ihre nationalen außenpolitischen Ziele verfolgen.

Eine Außen- und Sicherheitspolitik, die wenigstens ansatzweise diesen Namen verdient, muß mit einer europäischen Wirtschaftspolitik zusammengefügt werden. Hierzu sind strukturelle Verbesserungen auf fast allen Ebenen notwendig. Um Entscheidungen überhaupt vorbereiten zu können, sollen Experten aus Mitgliedstaaten und Kommission gemeinsame Strategien ausarbeiten. Zur Zeit arbeitet jeder vor sich hin. Man kommt zwar in Brüssel zusammen, jeder hat aber seine festgelegten Positionen.

Oft wird geäußert, wie schlimm die Geschehnisse im ehemaligen Jugoslawien für die Europäische Union gewesen seien. Sie habe ihre Aufgabe verfehlt. Es stimmt, dennoch sollte man nicht unterschätzen, daß durch das Miteinanderreden historische Reflexe verhindert werden konnten und man nicht in die Vergangenheit zurückfiel. Das ist nicht genug, und doch ist es wichtig.

Um der Stagnation in der Außenpolitik zu entrinnen, muß von der Einstimmigkeit als Regel abgesehen werden. Ich weiß, das ist heikel. Aber schon jetzt, bei 15 Mitgliedstaaten, ist Einstimmigkeit fast nicht zu erzielen. Wenn es mehr sind, wird bei Aufrechterhaltung der Einstimmigkeit nichts mehr beschlossen werden können. Die Union muß sich nach außen noch darstellen lernen. Ein sogenannter »Mister Außenpolitik« oder eine »Frau Außenpolitik«, von Frankreich in die Diskussion gebracht, würde das Problem allerdings nicht lösen, sondern noch weiter komplizieren. Es ist angezeigt, die zwischen Rat, Ratsvorsitzenden und Europäischer Kommission bestehenden Möglichkeiten stärker zu nutzen als bisher.

Aktuelle Fortschritte zeichnen sich im Hinblick auf eine gemeinsame Verteidigungspolitik ab. In Berlin hat der NATO-Rat Beschlüsse gefaßt, die rundum zu begrüßen sind. Nun liegt es bei uns Europäern, eine eigene europäische Sicherheits- und Verteidigungsidentität zu schaffen - auch das ist sehr ambitiös -, die die Interessen der neutralen Mitgliedstaaten umfaßt.

Unverzichtbar für die Verteidigung wird die NATO bzw. ihr europäischer Pfeiler bleiben. Deshalb kommt es in der Regierungskonferenz darauf an, das Verhältnis der Westeuropäischen Union zur Europäischen Union zu klären. Eine Schlüsselfrage ist: Wer fällt die politische Entscheidung für eine Intervention? Nach unserer Ansicht sollten vor allem die friedenserhaltenden Maßnahmen, die sogenannte »Petersberg-Aufgabe« von 1992, Eingang in den Maastricht-II-Vertrag finden. Dieser Ansatz findet interessanterweise Unterstützung bei den neutralen Mitgliedstaaten.

Ich hoffe, es ist deutlich geworden, daß die institutionellen Reformen für die innere und äußere Sicherheit der Union entscheidend sind. Sie sind es auch für ihre Fähigkeit, neue Mitglieder aufzunehmen. Von herausragender Bedeutung unter allen zu treffenden Reformmaßnahmen ist die Aufgabe des Prinzips der Einstimmigkeit. Wir müssen uns immer wieder vor Augen führen, daß mit jedem neuen Beitritt die Schwierigkeiten, zu einer Entscheidung zu kommen, exponentiell steigen. Mit 30 Mitgliedstaaten wäre es nicht nur doppelt so schwierig, eine einstimmige Entscheidung zu treffen, sondern über 40 000 mal schwieriger als mit den heutigen 15. Es kann nicht oft genug wiederholt werden: Die Abkehr vom Einstimmigkeitsprinzip ist entscheidend für die Handlungsfähigkeit einer erweiterten Union. Dabei sind Zwischenlösungen wie zum Beispiel eine verstärkte qualifizierte Mehrheit vorstellbar. Man muß kreativ sein! Stellen Sie sich einmal vor, wir haben 22, 27 oder 29 Mitglieder, und bei jeder Vertragsänderung sollen alle einverstanden sein. Wie soll man da noch etwas ändern oder anpassen? Das Prinzip der Einstimmigkeit erlaubt es dem kleinsten Mitgliedsstaat, alles zu blockieren. Bei Maastricht I hätte ein negatives Referendum der Dänen gereicht und alles wäre vergebens gewesen. Wir halten nichts von einem Europa à la carte. Aber die Europäische Union darf nicht dazu verurteilt werden, im Tempo ihrer langsamsten Mitglieder voranzuschreiten, schon gar nicht in einer erweiterten Union. Wenn die Regierungskonferenz zu dem Ergebnis kommt, die Handlungsfähigkeit der Union durch eine qualifizierte Mehrheit zu stärken, tritt die Frage nach Flexibilität teilweise zurück.

Mit anderen Worten, solange das Prinzip der Einstimmigkeit gültig ist, kommen wir nicht darum herum, über engere Kooperations- und Integrationsformen einzelner Mitgliedstaaten untereinander nachzudenken. Das bisher Erreichte, so der Binnenmarkt, darf nicht aufs Spiel gesetzt, die voranschreitenden Staaten dürfen nicht aufgehalten werden, und die, die beitreten wollen, müssen es tun dürfen.

Auch in einer erweiterten Union wird die deutsch-französische Zusammenarbeit wichtig bleiben. Wenn diese beiden großen Mitgliedstaaten neue Initiativen gestartet haben, sind andere noch immer nachgefolgt. Ich gehe davon aus, daß das noch lange Zeit so bleiben wird. Die enge Zusammenarbeit zwischen Bonn und Paris wird auch in Zukunft maßgebend sein. Diese beiden großen Mitgliedstaaten müssen sich aber zugleich an die gemeinsamen Spielregeln halten und nicht so tun, als diktierten sie in Europa.

Die Abkehr vom Prinzip der Einstimmigkeit ist wichtig, aber anderes ist auch wichtig. Zum Beispiel die Frage, wie sich die Mitgliedstaaten in den Institutionen widerspiegeln. Diese Frage kommt sofort auf, wenn über die Erweiterung gesprochen wird, denn die Beitrittskandidaten sind bevölkerungsmäßig kleine und mittlere Staaten. Das Gleichgewicht zwischen den Mitgliedstaaten muß dringend neu austariert werden, im Hinblick auf die Stimmengewichtung im Rat, auf die Zahl der Kommissare und die Zahl der Parlamentarier. Eine Neuregelung ist unausweichlich. Man redet schon einige Jahre darüber und weiß, wie heikel und schwierig sie ist. Man muß sich etwas einfallen lassen.

Obwohl ich den Teufel nicht an die Wand malen will, die Erfahrung im Rat lehrt, daß sich Koalitionen nicht nach der Größe der Länder, sondern nach den jeweiligen Interessen bilden. Vor zehn oder fünfzehn Jahren bestand noch die deutliche Abgrenzung zwischen großen und kleinen Mitgliedstaaten. Die gesamte institutionelle Struktur war danach ausgerichtet. Heute ist das anders.

Ich kann mir kaum vorstellen, daß einem Mitgliedstaat heute noch zugebilligt würde, was damals Luxemburg erreicht hat. Länder wie Malta werden nicht mehr mit den großen Staaten gleichgestellt werden und regelmäßig die Präsidentschaft der Union übernehmen. Auch das muß geregelt werden, aber es ist ziemlich heikel.

Institutionelle Reformen müssen die Legitimation der Union stärken und ihre Funktionsweise verbessern helfen. Dabei gilt es zu beachten, daß das traditionelle Gleichgewicht zwischen den Institutionen der Union nicht gestört wird, also zwischen Kommission, Rat und

Parlament. Die Tatsache, daß das Parlament gestärkt werden muß ändert daran nichts. Wir müssen davon ausgehen, daß das institutionelle Gefüge der Europäischen Union ein Gefüge »sui generis« ist und nicht mit dem klassischen Staatsverständnis à la Montesquieu zu fassen ist.

Übrigens möchte ich in diesem Zusammenhang auf eine weitere und ebenfalls sehr heikle Schwierigkeit hinweisen. Es ist notwendig, den Völkern zu versichern, daß sie ihre kulturelle Identität und Sprache innerhalb der Union beibehalten. Wir arbeiten nicht umsonst in elf offiziellen Sprachen. Das ist kompliziert und kostet viel Geld, aber es darf eben das Gefühl bei den Mitgliedstaaten gar nicht erst aufkommen, sie dürften dabeisein, aber ohne eigene kulturelle und sprachliche Integrität. Damit würde es an der Möglichkeit fehlen, die Union in den Völkern und ihren Kulturen zu verwurzeln. Natürlich, wenn weitere Sprachen hinzukommen, wird alles noch komplizierter werden. Also bedarf es der Bereitschaft, ohne das Prinzip anzutasten, pragmatische Lösungen zu finden. Schon jetzt machen sich die Franzosen und die Deutschen - auch sie werden vom Englischen beherrscht - Sorgen um ihre Sprache. Man muß also das Prinzip hochhalten und alle Sprachen innerhalb der Union anerkennen.

Noch weiß niemand, wie die gegenwärtige Regierungskonferenz arbeiten und mit welchem Ergebnis sie enden wird. Ich gebe zu, man muß optimistisch sein, um an einen durchschlagenden Erfolg zu glauben. Wir alle wissen, daß Großbritannien überhaupt keine Vertragsänderungen will. Nur in einem Bereich sind die Briten bereit, den Maastrichter Vertrag zu ändern: beim Tierschutz. Das mag lächerlich klingen, aber es ist so. Es gibt ein offizielles Papier, dem zufolge die Briten einen Artikel für Tierschutzmaßnahmen aufgenommen wissen möchten.

Wahrscheinlich werden Frankreich und Deutschland einen Sondergipfel beantragen, um die Prioritäten für die Verhandlungen abzustecken. Es ist die einzige Chance voranzukommen. Nicht nur die Regierungskonferenz steht auf dem Spiel. Wenn die Union unfähig ist, sich selbst und ihre Institutionen zu reformieren, könnte die große friedliche Revolution des 20. Jahrhunderts ins Stocken geraten.

Diskussion

Chémery: Sind Sie der Ansicht, daß man mit Sanktionen ein striktes Einhalten der europäischen Verträge erreichen könnte? Es scheint, als hätten die nationalen Regierungen kein großes Interesse, den Subventionsmißbrauch zu unterbinden.

van Miert: Die Kommission versucht seit Jahren, gegen die Zweckentfremdung der Mittel vorzugehen. Dazu brauchen wir die Unterstützung der nationalen Regierungen. Mit einigen Mitgliedstaaten funktioniert es, mit anderen nicht immer. Wirksames Durchgreifen setzt eine enge supranationale Kooperation voraus. Immer wieder wird versucht, das komplizierte Reglement der Agrarpolitik zu mißbrauchen und Mittel zweckzuentfremden. Es kommt auch vor, daß Mitgliedstaaten Urteile des Europäischen Gerichtshofs nicht umsetzen. Eine mögliche Reaktion der Kommission besteht darin, die Haushaltsmittel aus dem Strukturfonds zu blockieren, die für diesen Staat vorgesehen sind.

Buhl: Wer die Papiere zur Vorbereitung der Regierungskonferenz mit ihren Spiegelstrichen, Einwänden und Klammern gelesen hat, wird dem Ausgang dieser Konferenz nicht sehr hoffnungsvoll entgegensehen. Welche Mindestergebnisse erwarten Sie als leidgeprüfter Kommissar und europäischer Realist von dieser Konferenz? Welche Reformen muß die Regierungskonferenz beschließen, damit eine erweiterte Europäische Union funktionsfähig sein wird?

Eigen: Meine Frage bezieht sich auf die Freiheit des Binnenmarktes in Europa, aber auch auf die gemeinsamen Spielregeln, die Sie für die Justiz und die innere Politik postulieren. In allen Mitgliedstaaten in Europa ist bekanntlich die Korruption der Exporteure im Ausland erlaubt und wird in manchen Ländern, wie zum Beispiel in Deutschland, durch Steuerabzugsfähigkeit begünstigt. Versuchen Sie in Brüssel, diesen Mißstand zu beheben? Ist es nicht widersprüchlich, daß Korruption durch eine italienische Firma in Belgien oder durch eine deutsche Firma in Spanien in dem Staat, von dem diese Aktivität ausgeht, nicht verfolgt werden kann? Und daß die Steuerabzugsfähigkeit davon abhängt, ob der Bestochene in Aachen oder zehn Kilometer weiter westlich wohnt?

von Waldenfels: Wir haben zwar neben der Kommission, dem Machtfaktor schlechthin, noch das Europäische Parlament und den Ministerrat. Aber der Fall, daß ein Votum der Kommission durch den Ministerrat aufgehoben oder durch das Parlament korrigiert wurde, ist äußerst selten. Inwieweit ist die Kommission bereit, sich einer stärkeren Kontrolle zu unterziehen?

Deutschland ist der größte Nettozahler innerhalb der Europäischen Union. Die Kommission mahnt uns zu Recht, die öffentlichen Kassen in Ordnung zu bringen. Das heißt, wir müssen sparen und werden die Zahlungen an die Europäische Union in der bisherigen Höhe nicht mehr leisten können. Was unternimmt die Kommission in den nächsten Jahren, um trotz der zurückgehenden Zahlungen die Institutionen - noch dazu in einer erweiterten EU - leistungsfähig zu halten?

van Miert: Welche Mindestergebnisse sollte es geben, damit weitergearbeitet werden kann und die Union funktionsfähig bleibt? Erstens muß man in bestimmten Bereichen das Prinzip der Einstimmigkeit verlassen. Zweitens muß man Maßnahmen verhindern, die die Beschlußfindung noch weiter komplizieren. Der Vorschlag der Franzosen ist, die nationalen Parlamente in die Entscheidungsfindung einzubinden. Wenn jedoch jedes Parlament aus nationalen oder regionalen Gründen einen Beschluß blockieren kann, wird es auf europäischer Ebene überhaupt keine Beschlüsse mehr geben.

Hinsichtlich der Justiz und Innenpolitik muß ich leider feststellen: Es wird alles lange dauern. Auf Brüsseler Ebene wird gegen die Art von Korruption, die hier geschildert wird, kaum etwas unternommen. Die Regierungen wollen es nicht.

Um Bürgernähe und demokratische Legitimität zu erreichen, müßte die Kommission kontrolliert werden, das schließt aber demokratische Verantwortlichkeit ein. Die wäre durch die Wahl der Kommissare gewährleistet.

Eine Lösung für die Haushaltsprobleme des größten Nettozahlers in der EU habe auch ich nicht parat. Ich kann nur unterstreichen: Wir sind uns der Schwierigkeiten in den nationalen Mitgliedstaaten sehr bewußt. Deswegen versuchen wir in Brüssel einzusparen, wo immer es möglich ist. In der Landwirtschaft sind wir erfolgreich - endlich! Die Europäische Kommission ist der Ansicht gewesen, einen Teil der Mittel für die Gemeinschaftsprojekte zu verwenden und einen anderen Teil an die europäischen Mitgliedstaaten zurückfließen zu lassen. Aber wahrscheinlich werden die Mittel nun für die Bekämpfung des Rinderwahnsinns benötigt.

Stabreit: Eine Umfrage in den Niederlanden hat laut Presseberichten ergeben, daß der sogenannte Euroskeptizismus stärker verbreitet ist als angenommen. Ich halte dieses Phänomen für sehr besorgniserregend, denn es beschränkt sich nicht auf die Niederlande.

Der Not gehorchend machen wir uns heute mit einem Europa mehrerer Geschwindigkeiten vertraut. Es ist deutlich, daß 15 Mitgliedstaaten nicht in allen Bereichen im Gleichschritt vorangehen können. Nur ein harter Kern wird mit der Währungsunion anfangen.

Besteht nicht die Sorge, daß das Bild Europas bei den nachrückenden Generationen noch diffuser wird, als es ohnehin schon ist? Dieses Europa stellt sich als ein Klub dar, bei dem der eine hier, der andere dort ein- und aussteigen kann. Diese Entwicklung wird letztlich zu großen Akzeptanzproblemen führen.

Vernet: Sie haben die Möglichkeit angedeutet, daß die sogenannten Ministaaten nicht den Vorsitz im Europäischen Rat übernehmen sollten. Wie stellen Sie sich das vor? Denken Sie an eine Führungsgruppe mit ständigen Mitgliedern und nichtständigen Mitgliedern wie im Sicherheitsrat der UNO?

Kiep: Sie haben die Europäische Währungsunion nur am Rande erwähnt. Darf ich daraus schließen, daß Sie das Zustandekommen der Europäischen Währungsunion als sicher voraussetzen?

van Miert: Es stimmt, daß der Euroskeptizismus in mehreren Mitgliedstaaten festen Fuß gefaßt hat, nicht nur in Holland, Schweden und Großbritannien.

Auch in den frühen achtziger Jahren herrschte großer Europessimismus, wie man damals sagte. Sorgen macht mir, daß anders als früher zu wenige mutige Politiker die Entwicklung trotz aller Schwierigkeiten vorantreiben. Bundeskanzler Kohl bin ich sehr dankbar, daß er seiner Überzeugung immer wieder Ausdruck verleiht. Ich wollte, es wäre in allen Mitgliedstaaten so.

Herr Kiep, vor einem Jahr hätte ich wahrscheinlich nicht gesagt: Der Euro kommt. Heute bin ich mir jedoch sicher: Der Euro kommt.

Hinsichtlich des Vorsitzes der Ministaaten vertreten einige Regierungen die Auffassung, es gehe nicht weiter wie bisher. Es geht auch nicht so weiter! Ein den Vereinten Nationen vergleichbares System wird und kann auf europäischer Ebene nicht funktionieren.

Seidel: Ich habe Ihren Worten entnommen, daß Sie sich im Hinblick auf die Regierungskonferenz Sorgen um den Binnenmarkt machen. Ich teile sie voll und ganz. Wenn wir im Bereich der Innen- und Rechtspolitik nicht Fortschritte machen, besteht die große Gefahr, daß der Binnenmarkt sich zurückbildet.

Wir müssen eine integrierte europäische Polizeibehörde aufbauen. Wir müssen sogar noch einen Schritt weitergehen, denn wir brauchen eine zentrale parlamentarische Kontrolle dieser Institution. Darin liegt die primäre Aufgabe der Regierungskonferenz.

Köcher: Nicht nur die Kommission, sondern auch die nationalen Regierungen wollen ein bürgernahes Europa. Wie diese Forderung umgesetzt werden soll, konnte mir aber bisher niemand überzeugend darstellen.

Die Ausgangsbedingungen sind nicht günstig. Die Bevölkerung ist über europäische Politik nicht informiert, sie kennt ihre europäischen Abgeordneten nicht, sie kennt die Kommissare nicht, sie weiß nicht, welche Entscheidungen getroffen werden. Es besteht ein groteskes Mißverhältnis zwischen der wahren Bedeutung der Europäischen Union und den Vorstellungen der Bevölkerung. Sie glaubt nämlich mehrheitlich, die Europäische Kommission sei eine Institution ohne jede Bedeutung. Es besteht wenig Interesse, sich über Europa zu informieren. Wie kann man der Bevölkerung das Bewußtsein vermitteln, daß die europäischen Institutionen wesentlich über ihre Zukunft entscheiden? Bürgernahes Denken der Europapolitiker ist sicherlich entscheidend, um diese Haltung zu verstehen.

An der Einführung des Euro wird dies deutlich. Es wird versucht, Argumente für oder gegen Europa in die Öffentlichkeit zu tragen, die Öffentlichkeit ist aber über diese Diskussion hinweg und mehrheitlich davon überzeugt, daß der Euro kommt. Für sie ist daher nur noch von Interesse, ob die neue Währungswelt eine heile Währungswelt sein wird.

Je nachdem, wonach Sie fragen, Sie finden in Deutschland zwar einen breiten Euroskeptizismus, aber gleichzeitig ist die überwältigende Mehrheit überzeugt, in Europa liege die Zukunft Deutschlands. Solange diese feste Überzeugung erhalten bleibt, kann man mit der vorhandenen Skepsis leben.

van Miert: Ich selbst teile die Erwartungen an die Regierungskonferenz. Aber es ist nicht zu übersehen, daß in einigen Mitgliedstaaten große Zurückhaltung gegenüber einer supranationalen Polizei besteht. Denn gleichzeitig wird die Frage nach der demokratischen Kontrolle gestellt. Es gibt Mitgliedstaaten, die in diesem Bereich eine große Tradition haben und die wollen sie nicht verlieren. Deswegen wird eine europäische Polizeibehörde zunächst nicht zu verwirklichen sein.

Hinsichtlich fehlender Bürgernähe müssen wir uns tatsächlich Sorgen machen. Das hat auch das Referendum in Dänemark gezeigt. Wenn es einem einzigen Mitgliedsstaat möglich ist, europäische Entscheidungen zu blockieren, kann durch Europessimismus vieles lahmgelegt werden.

Eine Schwierigkeit besteht darin, die Aufgaben der Europäischen Union zu kommunizieren. Die Völker und ihre Regierungen interessieren sich nur dafür, was regional oder national passiert. Große Publizität bekommen wir, wenn etwas schiefgeht. Die Bauern, die Fußballer und die Fischer - sie sind an europäischen Entscheidungen sehr interessiert, wenn es sie selbst betrifft. Ansonsten herrscht ein strukturelles Informationsproblem.

Paul Kirchhof

Paul Kirchhof

Die Wahrnehmung von Hoheitsgewalt durch Mitgliedstaaten und Gemeinschaftsorgane

Der Zug nach Europa bewegt sich in lebhafter Fahrt, folgt den gediegenen Gleisen eines fundierten Vertrages, wird von klaren Regeln über Reisegeschwindigkeit und Wartestationen geleitet, ist mit 15 Staaten und Staatsvölkern gut besetzt, hat aber noch Platz für weitere Mitreisende, sieht einzelne Weichenstellungen - etwa der Wirtschaftsunion neben der Währungsunion - noch offen und führt ein Bordrestaurant mit, in dem man zwar nicht ein Europa à la carte bestellen kann, wohl aber sich an einem freien Buffet bedienen darf, das vorher durch Entrichtung des Fahrpreises von jedem Beteiligten mitfinanziert worden ist.

Dieser Zug - ein Produkt moderner politischer, wirtschaftlicher und rechtlicher Spitzentechnologie - bedarf ständiger Pflege und Wartung, stetiger Zufuhr von Energie und verläßlicher Kontrolle. Es geht also heute nicht mehr - wie in den fünfziger und sechziger Jahren - darum, der Europäischen Gemeinschaft um fast jeden Preis neue Kompetenzen zuzuweisen; vielmehr stehen wir vor der Aufgabe, in juristischer handwerklicher Gediegenheit Aufgaben, Kompetenzen und Befugnisse so zu definieren und zu festigen, daß sie rechtlich handhabbar sind und auch einen politischen oder gerichtsförmlichen Konflikt aushalten können. Wenn zu Beginn der EG um der voranschreitenden Integration willen noch jeder als schlechter Europäer galt, der eine Kompetenz der EG in Frage stellte, wird heute derjenige zum Gegner der realen Anliegen Europas, der weiterhin glaubt, die europäische Integration allein durch Visionen und Fundamentalentwürfe vorantreiben zu sollen und nicht auch in rechtlicher Präzision, Entschiedenheit und Verbindlichkeit mitgestalten zu müssen.

Die Frage nach der Aufteilung von Gestaltungskompetenzen und Aufgabenverantwortlichkeiten im Verhältnis von Europäischer Union und Mitgliedstaaten trifft auf den Ausgangsbefund, daß die Europäische Union ein Verbund von Staaten ist, ohne selbst Staat zu sein oder gegenwärtig Staat werden zu wollen. Deshalb stehen der Europäischen Gemeinschaft nur die Aufgaben und Kompetenzen zu, die ihr von den Mitgliedstaaten im Vertrag ausdrücklich zugewiesen worden sind. Die Gemeinschaft kann nicht - wie ein Staat mit Kompetenz-Kompetenz - sich aus eigenem Recht neue Aufgaben, Kompetenzen und Befugnisse zusprechen, weil diese Aufgaben nunmehr der Erledigung bedürfen.

Andererseits dürfen die Mitgliedstaaten nicht mehr im Staatsverständnis des 19. Jahrhunderts begriffen werden, in dem sich ein Staat in politisch uneingeschränkter Souveränität, wirtschaftlicher Autarkie und militärischer Abschottung schlechthin unabhängig vom Nachbarstaat glaubte. Der Staat unseres Jahrhunderts ist völker- und europarechtsoffen, übt seine Souveränität in Anlehnung an andere Staaten aus, legt seine Handlungsweisen auf den wirtschaftlichen, politischen und kulturellen Austausch an und bindet sich selbst in seiner Verfassung.

Dies wird für die nach dem Grundgesetz verfaßte Bundesrepublik Deutschland besonders deutlich: Das

Grundgesetz sieht in Art. 23 ausdrücklich die Mitwirkung Deutschlands an einer Europäischen Union vor, bindet diese Mitwirkung aber an bestimmte verfassungsrechtliche Grenzen, die Anforderungen an die Europäische Union stellen, zugleich aber auch bestimmte Verfassungsstrukturen für den deutschen Mitgliedstaat in der Europäischen Union sichern. Rechtlicher Ausgangspunkt und Maßstab für die Zuweisung von Aufgaben und Kompetenzen ist deshalb das Grundgesetz. Auf dieser Grundlage bestimmt der Vertrag und das deutsche Zustimmungsgesetz zum Vertrag die einzelnen Kompetenzzuweisungen und Kompetenzschranken.

Das Europaverfassungsrecht wird gegenwärtig von drei Problembereichen bestimmt:

Das erste Problem liegt darin, daß die Mitgliedstaaten in einer Europäischen Union als einem Verbund von Staaten notwendigerweise durch die Regierung, nicht durch das Parlament handeln, daß deswegen innerhalb der EG wesentliche Kompetenzen - auch die Gesetzgebungs- und Budgethoheit - durch die Exekutive, nicht durch das Parlament ausgeübt wird. Damit stellt sich verfassungsrechtlich die Aufgabe, einem Verlust von demokratischer Legitimation auf dem Weg nach Europa vorzubeugen.

Der zweite Problembereich hat seinen Ursprung darin, daß die Europäische Gemeinschaft als Wirtschaftsgemeinschaft konzipiert und gegenwärtig als Wirtschafts- und teilweise auch als Politikgemeinschaft eingerichtet wird. Andere wesentliche Lebensbereiche, insbesondere des Kulturstaates, sind der Gemeinschaft nicht zugewiesen. Weil aber Wirtschaft, Politik und Kultur glücklicherweise verflochten sind, einer dieser

Lebensbereiche nicht isoliert vom anderen gedeihen kann, bedarf auch die Tätigkeit der Europäischen Gemeinschaft in ihren eigenen Aufgabenfeldern kultureller Anreicherung und Ergänzung. Ein Wirtschafts- und Politikwesen, das unbeeinflußt bliebe von den kulturellen Freiheiten der Wissenschaft, der Kunst und Religion, also das wissenschaftliche Bemühen um das Auffinden der Wahrheit, das künstlerische Empfinden des Ästhetischen, den religiösen Respekt vor dem Unauffindbaren nicht zur Kenntnis nehmen würde, betriebe eine geistig verarmte Wirtschaft und eine im Blickwinkel verengte Politik. Insoweit ist die Europäische Union notwendigerweise eine in ihrer Konzeption unvollständige, auf die stetige Anreicherung und Ergänzung durch die Mitgliedstaaten angelegte Gemeinschaft.

Die dritte staatsrechtliche Beobachtungsperspektive ergibt sich aus den Freiheitsrechten. Bei der Gewährleistung der Menschenrechte ist die europäische Integration in besonderer Weise erfolgreich, weil sie in der Europäischen Menschenrechtskonvention tatsächlich den kultur-geographischen Bereich von Gesamteuropa nahezu abdeckt und auf der Grundlage eines gemeineuropäischen Verfassungsrechts einen Menschenrechtsstandard gewährleistet, der vielleicht den wesentlichen Kern der europäischen Integration in seinen tradierten Wertungen ausmacht. Dennoch wird die europäische Integration sich hier in Zukunft nicht mit der bloßen rechtlichen Gewährleistung dieser Menschenrechte begnügen können, sondern insbesondere auch die Bedingungen der Freiheit - die Freiheitsvoraussetzungen - pflegen und fördern müssen. Dieses beginnt bei der Sprache, die dem einzelnen die Möglichkeit gibt, sich als Freiheitsberechtigter und als Wähler gegenüber der europäischen Hoheitsgewalt zu äußern und Aussagen dieser Hoheitsgewalt entgegenzunehmen. Es setzt sich fort in der Gewährleistung des zukünftigen, zur Freiheit fähigen Staatsvolkes, das nach den Grundsatzwertungen unseres Verfassungsrechts durch die Institution von Ehe und Familie gesichert ist und dem zukünftigen Staatsvolk in dieser vorgefundenen kleinen Rechtsgemeinschaft ihre Existenz sichert, aber auch die Möglichkeit für jeden jungen Menschen, in dieser Geborgenheit des Privaten seine Fähigkeit zur Freiheit entfalten, erproben und ohne erhebliches Risiko auch in Grenzbereichen handhaben zu können.

Eine aktuelle, der europäischen Hoheitsgewalt anvertraute Freiheitsvoraussetzung ist die ökonomische Grundlage individueller Freiheit, das Geld und der Geldeswert. In unserem Verfassungssystem eines aus Berufsfreiheit und Eigentümerfreiheit aufbauenden Wirtschaftswesens bedarf es zur realen Freiheitsausübung vielfach der ökonomischen Grundlage. Deshalb entsteht in den Mitgliedstaaten und ihren Bürgern eine so hohe, freiheitsrechtlich verständliche Sensibilität, wenn die Hoheitsgewalt über den Wert des Geldes entscheidet, in dem der einzelne Bürger sich seine zukünftige ökonomische Gestaltungsfreiheit aufbewahrt und bevorratet und im Vertrauen auf diese Wirtschafts- und Rechtsgemeinschaft die gegenwärtige Anlageentscheidung um einer gleichwertigen zukünftigen Anlage willen verschiebt.

I. Verantwortlichkeit der Mitgliedstaaten für die Union

Die fortbestehende Verantwortlichkeit der Mitgliedstaaten für die Europäische Union und deren Recht hat Bedeutung für den Geltungsgrund des Europarechts in Deutschland (1), für die Kooperation zwischen deutschen und europäischen Organen (2) und für die Art und Dauer der vertraglichen Bindungen (3).

1. Entstehen und Geltungsgrund für Europarecht

Verantwortlich für alle Hoheitsausübung in einem Gemeinwesen ist der Staat. Mit der Einräumung von Hoheitsbefugnissen an die Europäische Union entledigt sich der Mitgliedstaat nicht dieser Verantwortlichkeit;[1] der grundsätzlich bestehende ausschließliche Herrschaftsanspruch der Bundesrepublik Deutschland im Geltungsbereich des Grundgesetzes wird lediglich zurückgenommen und der unmittelbaren Geltung und Anwendbarkeit eines Rechts aus europäischer Quelle Raum gelassen.[2] Geltungsgrund für Europarecht und seine Anwendung in Deutschland ist der innerstaatliche Rechtsanwendungsbefehl, das deutsche Zustimmungsgesetz zu dem jeweiligen europarechtlichen Vertrag.[3] Europarecht fließt also nur über die Brücke des nationalen Zustimmungsgesetzes nach Deutschland. Soweit diese Brücke dieses Recht nicht trägt, entfaltet

1 Vgl. Volkmar Götz, Das Maastricht-Urteil des Bundesverfassungsgerichts, in: JZ 1993, S. 1081 (1082).

2 BVerfGE 37, 271 (280); 58, 1 (28); 59, 63 (90); 73, 339 (374).

3 BVerfGE 31, 145 (173 ff.); 73, 339 (375); 75, 223 (244); 89, 155 (187 f.).

es jedenfalls in Deutschland keine Rechtsverbindlichkeit. Die parlamentarische Zustimmung des Deutschen Bundestages zum Unions-Vertrag aber findet im Grundgesetz ihre verfassungsrechtliche Grundlage und Grenze. Damit unterliegt der Inhalt dieses deutschen Gesetzes - das primäre Gemeinschaftsrecht als konzeptionelle Einheit in seinem Geltungsanspruch für Deutschland - den Bindungen des Grundgesetzes und der Kontrolle durch das Bundesverfassungsgericht. Gerade die ausdrückliche und im vergangenen Jahr erneuerte Europarechtsoffenheit des Grundgesetzes bestätigt, daß die staatsrechtlich verfaßte Gewalt auch in ihren europabezogenen Äußerungen verfassungsgebunden bleibt und auch im Rahmen der europäischen Integration vom Grundgesetz angeleitet und begrenzt ist.

2. Garant der Rechtsgebundenheit des Integrationsprozesses

Die Ermächtigung des Art. 23 Abs. 1 Satz 2 GG, die Wahrnehmung von Hoheitsrechten auf die Europäische Union zu übertragen, und ebenso die des Art. 88 Satz 2 GG, Aufgaben und Befugnisse der Deutschen Bundesbank der Europäischen Zentralbank zu übertragen, bilden Steine im Gesamtmosaik der Verfassung, die das Gesamtgemälde mitprägen, aber ihrerseits nicht die Ausgewogenheit der Gesamtaussage verändern dürfen. Die Ermächtigung des Art. 23 GG entläßt deshalb die Europapolitik nicht in die Beliebigkeit einer Europäischen Union, sondern öffnet die deutsche Verfassungsordnung den Einwirkungen europäischer Organe in verfassungsrechtlich definierten Grenzen. Garant und Wächter dieser Grenzen bleibt der die Geltung und

Gestaltungskraft des Grundgesetzes gewährleistende deutsche Mitgliedstaat. Das Grundgesetz verpflichtet die Organe des deutschen Staates auch nach Gründung der Europäischen Union, die Struktur dieser Union nach Art. 23 Abs. 1 Satz 1 GG zu sichern und die Identität der deutschen Mitgliedstaaten gemäß Art. 23 Abs. 1 Satz 3 GG zu wahren. Für die Währungsunion haben die deutschen Organe die Unabhängigkeit der Europäischen Zentralbank zu garantieren, die vorrangige Sicherung der Preisstabilität zu gewährleisten und die Achtung des - das Grundgesetz modifizierenden - Unions-Vertrages und der dort vereinbarten Stabilitätsgemeinschaft einzufordern. Nach Eintritt in die »dritte Stufe« der Währungsunion ist deshalb die währungspolitische Verantwortlichkeit geteilt. Während in den beiden ersten Stufen zur Währungsunion die Verantwortlichkeit für den Geldwert im Anwendungsbereich des Grundgesetzes bei der Deutschen Bundesbank liegt und durch eine stabile D-Mark erfüllt wird, würden mit der Vollendung einer europäischen Währungsunion die Mitgliedstaaten von den handelnden Subjekten zu kontrollierenden und nachsteuernden Stabilitätsgaranten. Sie bleiben jedoch in dem verfassungsrechtlichen Stabilisierungsauftrag gebunden und sind insoweit auch dem nationalen Parlament verantwortlich.

3. Demokratische Legitimation der Staatengemeinschaft

Der von Art. 23 GG geforderte und im Unions-Vertrag bestätigte Staatenverbund ist auf Dauer angelegt[4] und

4 Art. 240 EGV, Art. Q EUV.

kann in dieser Stetigkeit auch für die Geldwertstabilität nach Eintritt in die dritte Stufe der Währungsunion vom Mitgliedstaat geltend gemacht werden. Zwar läßt sich nicht voraussehen, ob die Stabilität einer gemeinsamen Währung auf der Grundlage der im Vertrag getroffenen Vorkehrungen tatsächlich dauerhaft gesichert werden kann. Würde die vereinbarte, insoweit zum Gegenstand des deutschen Zustimmungsgesetzes gemachte Stabilitätsgemeinschaft jedoch scheitern, so wäre die vertragliche Konzeption verlassen und der einzelne Mitgliedstaat letztlich - als ultima ratio - berechtigt, sich aus dieser Gemeinschaft zu lösen.[5]

Die vertragliche Grundlage einer deutschen Mitgliedschaft in der EG bestimmt auch Art und Dauer dieser Zugehörigkeit. Da der EG-Vertrag in Deutschland allein aufgrund des Zustimmungsgesetzes Rechtsverbindlichkeit gewinnt, bestimmt der Bundestag über die Mitgliedschaft Deutschlands in der EG, ihren Fortbestand und ihre Entwicklung.[6] Hier gewinnt die Entschließung von Bundestag und Bundesrat zum Eintritt in die Währungsunion - für die Handhabung offener Vertragsbestimmungen wie für die Vertragserweiterung - seine praktische Bedeutung. Deutschland ist einer der »Herren der Verträge«, der seine Gebundenheit an den »auf unbegrenzte Zeit« geschlossenen Unions-Vertrag (Art. Q EUV, Art. 240 EGV) mit dem Willen zur langfristigen Mitgliedschaft begründet hat, diese Zugehörigkeit aber letztlich durch einen gegenläufigen Akt auch wieder aufheben könnte.[7] Würde der Deutsche Bundestag seine Zustim-

5 BVerfGE 89, 155 (204).
6 BVerfGE 89, 155 (187 f.).
7 BVerfGE 89, 155 (190).

mung nicht mehr aufrechterhalten, so bliebe das Europarecht im europäischen Rechtskreis zwar verbindlich; diese Verbindlichkeit würde aber Deutschland nicht erreichen, weil die Brücke des Zustimmungsgesetzes das Eindringen des Europarechts in den deutschen Hoheitsbereich nicht mehr tragen würde.

Das Bundesverfassungsgericht hat im Maastricht-Urteil diese Abhängigkeit des Europarechts vom Fortbestehen des deutschen Rechtsanwendungsbefehls dreimal hervorgehoben. Zunächst im allgemeinen Maßstab des Erfordernisses, der Bundestag habe die zur Wahrnehmung übertragenen Rechte und das beabsichtigte Integrationsprogramm hinreichend bestimmbar festzulegen,[8] sodann zu der trotz Mitgliedschaft in der Europäischen Union und der EG verbleibenden Souveränität Deutschlands und seiner Gleichheit mit anderen Staaten im Sinne des Art. 2 Nr. 1 der Satzung der Vereinten Nationen;[9] schließlich bei der Beurteilung einer hinreichenden Sicherung der Währungsunion als stetige Stabilitätsgemeinschaft auch nach Eintritt in die dritte Stufe, für die der Vertrag materielle Stabilitätsmaßstäbe und institutionelle Vorkehrungen wie die Unabhängigkeit der Zentralbank vorsieht, dann aber letztlich - als ultima ratio - beim Scheitern der Stabilitätsgemeinschaft auch einer Lösung Deutschlands aus der Gemeinschaft nicht entgegensteht.[10]

Die Feststellung, daß die Mitgliedschaft Deutschlands in einer etwaigen Währungsunion nicht ein ewiger Bund auf Gedeih und Verderb auch bei jeder Fehlentwicklung

8 BVerfGE 89, 155 (187 f.).
9 Vom 26. Juni 1945, BGBl II 1973, 430; vgl. BVerfGE 89, 155 (190).
10 BVerfGE 89, 155 (204).

dieses Staatenverbundes sei, hat in der Fachöffentlichkeit Kritik hervorgerufen. Diese Kritiker sollte jedoch, wenn nicht schon der Geltungsanspruch der Verfassung, so jedenfalls die Überzeugungskraft der für jeden Mitgliedstaat spürbaren Vorzüge einer europäischen Union beruhigen. Die EG braucht keine »unumkehrbaren«[11] Automatismen, welche die Mitgliedstaaten durch eine rechtliche Zwangsjacke in die Währungsunion führen. Vielmehr bleibt Geltungsgrund der Verträge und aller in ihnen programmatisch in Aussicht genommenen Unumkehrbarkeiten letztlich der parlamentarische Rechtsanwendungsbefehl, der in allen Mitgliedstaaten in seinem Entstehen und in seiner Fortdauer demokratisch zu verantworten ist und deshalb zur Disposition des Wählers steht. Die EG ist ein Verbund demokratischer Staaten, der auch die Wahrnehmung von Hoheitsrechten vom Staatsvolk legitimiert wissen will, kein gegen die Demokratie gewendeter Zwangsverband.

Der Unions-Vertrag gewinnt - wie jeder völkerrechtliche Vertrag - seine Stärke dadurch, daß seine Rechtsverbindlichkeit auf die Plausibilität seiner Inhalte und seine Vermittelbarkeit gegenüber dem Staatsvolk gestützt werden kann. Deutschland ist Mitglied in der Europäischen Union, nicht weil es in einem Vertragsnetz gefangen ist, sondern weil es in seinem Staatsvolk diesen Vertrag trägt. »Im Zustimmungsgesetz zum Beitritt zu einer Staatengemeinschaft ruht die demokratische Legi-

11 Vgl. das Protokoll über den Übergang zu dritten Stufe der Wirtschafts- und Währungsunion, das von der »Unumkehrbarkeit« des Übergangs der Gemeinschaft in die dritte Stufe der Wirtschaftsunion und von dem Ziel eines »unwiderruflichen« Eintretens in die dritte Stufe spricht.

timation sowohl der Existenz der Staatengemeinschaft selbst als auch ihrer Befugnisse zu Mehrheitsentscheidungen, die die Mitgliedstaaten bindet.«[12]

II. Die Zuteilung von Kompetenzen und Befugnissen

Im Rahmen dieses von den Mitgliedstaaten und ihren Parlamenten getragenen Staatenverbundes sind die Aufgaben, Kompetenzen und Befugnisse in einer klaren, justitiablen Grenzziehung aufgeteilt. Die Konzeption dieser Zusammenarbeit wird insbesondere in den Kompetenzen der Parlamente (zu 1), bei der Wahrung der Grundrechte (zu 2), im Prinzip der begrenzten Einzelermächtigung (zu 3) und in der Währungsunion (zu 4) deutlich.

1. Parlamentarismus

Besondere Aufmerksamkeit verdient die Entparlamentarisierung wesentlicher Entscheidungen durch den EG-Vertrag. Das Parlament ist das zentrale Legitimations- und Entscheidungsorgan einer repräsentativen Demokratie, scheint jedoch gegenwärtig in seinen Funktionen und Kompetenzen mehrfach bedroht. Die europäische Integration ersetzt die parlamentarische Gesetzgebung durch eine exekutive Rechtsetzung, überantwortet zudem wesentliche währungspolitische Entscheidungen einem auch gegenüber dem Parlament unabhängigen Sachverständigengremium. Dies geschieht in einer Zeit, in der in Deutschland das Parlament auch in seinem

12 BVerfGE 89, 155 (184).

zweiten klassischen Kompetenzkern, der Budget-Hoheit, durch die wachsende Zahl und Volumina von Nebenhaushalten erhebliche Aufgaben verliert. Wenn nun die jüngste Verfassungsänderung des Art. 20a GG zudem eine Staatszielbestimmung, die Verpflichtung auf den Umweltschutz, vorsieht, also das bisher instrumental konzipierte Grundgesetz durch Finalitäten anreichert und deren Verdeutlichung und Konkretisierung dem Bundesverfassungsgericht zur Aufgabe macht, so verlagern sich Entscheidungskompetenzen vom Gesetzgeber auf die rechtsprechende Gewalt. Würden schließlich zentrale Grundsatzentscheidungen auch noch einem Plebiszit vorbehalten, vielleicht auch - auf Landesebene - der Ministerpräsident unmittelbar gewählt, so würde eine Kompetenzerosion zu Lasten des Parlaments fortgesetzt, die in ihren jeweiligen Einzelzielen teilweise gute Gründe für sich haben mag, in ihrem Zusammenwirken aber das Prinzip der repräsentativen Demokratie berührt.

Der EG-Vertrag betrifft die Fragenbereiche des exekutiv gesetzten Rechts, der Kompetenzverteilung zwischen mitgliedstaatlichem und europäischem Parlament sowie die Abschirmung des Währungssachverstandes gegen parlamentarischen Einfluß.

Wenn ein Mitgliedstaat einem Staatenverbund die Wahrnehmung von Hoheitsbefugnissen einräumt, verliert damit das mitgliedstaatliche Parlament und mit ihm der wahlberechtigte Bürger notwendig an Einfluß auf den politischen Willensbildungs- und Entscheidungsprozeß. Die Bindung eines Staates in einem Staatenverbund ist in der Offenheit der Verfassungsstaaten für das Völkerrecht angelegt. Demokratische Staaten sind nicht - jenseits des Einstimmigkeitsprinzips - integrationsunfähig. Vielmehr kann eine parlamentarische Zustimmung zu einem Staatenverbund auch deren Befugnis zur Mehrheitsentscheidung legitimieren. Dabei liegt es in der Struktur eines Staatenverbundes, der sich auf Staaten und Staatsvölker, nicht seinerseits auf ein eigenes Staatsvolk stützt, daß er seinen Willen primär in einem Organ der Regierungen der Mitgliedsländer, nicht in einem Parlament bildet. Allerdings trifft das Mehrheitsprinzip in dem aus der Gemeinschaftstreue folgenden Gebot wechselseitiger Rücksichtnahme auf eine Grenze, die Verfassungsprinzipien und elementare Rechte der Mitgliedstaaten schützt.[13] Dieses bestätigt auch der Art. F Abs.1 EUV, der die Union verpflichtet, die nationale Identität ihrer Mitgliedstaaten zu achten.

Die Europäische Union und die in sie eingegliederte Europäische Gemeinschaft finden ihre demokratische Legitimationsgrundlage in den Staatsvölkern der Mitgliedstaaten. Die Union ist eine »Union der Völker Europas« (Art. A Abs. 2 EUV). Das Europäische Parlament besteht aus Vertretern »der Völker der in der Gemeinschaft zusammengeschlossenen Staaten« (Art. 137 EGV). Übt dieser Verbund demokratischer Staaten hoheitliche Befugnisse aus, so sind es zuvörderst die Staatsvölker der Mitgliedstaaten, die dies über die nationalen Parlamente demokratisch zu legitimieren haben.[14] Jedes der Staatsvölker ist Ausgangspunkt für eine auf sie bezogene Staatsgewalt. Ein Übergewicht von Aufgaben und Befugnissen in der Verantwortung des europäischen Staatenverbundes würde die Demokratie auf staatlicher Ebene nachhaltig schwächen, so daß die mitgliedstaatlichen Parlamente die Legitimation

13 BVerfGE 89, 155 (182 ff.).
14 BVerfGE, a.a.O.

der von der Union wahrgenommenen Hoheitsgewalt nicht mehr ausreichend vermitteln könnten. Deshalb müssen dem Deutschen Bundestag Aufgaben und Befugnisse von substantiellem Gewicht verbleiben.[15]

Demgegenüber kommt dem Europäischen Parlament, das mangels Gesetzgebungskompetenz und Budgetrecht materiell lediglich eine europäische Versammlung ist, nur eine legitimationsstützende Funktion zu. Die Einflußmöglichkeiten des Bundestages und damit der Wähler auf die Wahrnehmung von Hoheitsrechten durch europäische Organe sind jedoch nahezu vollständig zurückgenommen, soweit die Europäische Zentralbank mit Unabhängigkeit gegenüber der Europäischen Gemeinschaft und den Mitgliedstaaten ausgestattet wird (Art. 107 EGV). Diese Abschirmung einer Entscheidungskompetenz auch gegenüber dem Parlament gilt dem Geldwert, der die individuelle Freiheit stützt und der auch das öffentliche Finanzwesen und die von der Finanzkraft abhängigen Politikbereiche bestimmt. Ein wesentlicher Politikbereich wird bei einem unabhängigen Sachverständigengremium verselbständigt, also staatliche Hoheitsgewalt aus unmittelbarer staatlicher oder supranationaler parlamentarischer Verantwortlichkeit gelöst, um das Währungswesen dem Zugriff von Interessentengruppen und der an einer Wiederwahl interessierten politischen Mandatsträger zu entziehen.[16] Diese Modifikation des Demokratieprinzips im Dienste der Sicherung des in eine Währung gesetzten Einlösungsvertrauens ist verfassungsrechtlich vertretbar, weil

15 BVerfGE 89, 155 (186).

16 So bereits der Regierungsentwurf zum Bundesbankgesetz, BTDrucks. 2/2781, S. 24 f.; vgl. auch BVerfGE 89, 155 (206).

Art. 88 Satz 2 GG im Blick auf die Europäische Union ausdrücklich eine Übertragung von Befugnissen der Bundesbank auf die Europäische Zentralbank gestattet, wenn diese den »strengen Kriterien des Maastrichter Vertrages ... hinsichtlich der Unabhängigkeit der Zentralbank und der Priorität der Geldwertstabilität« entspricht.[17] Die Unabhängigkeit einer Europäischen Zentralbank ist als begrenzte Modifikation[18] des Prinzips parlamentarischer Demokratie aufgrund ausdrücklicher Verfassungsänderung hinnehmbar, weil sie der – in der deutschen Rechtsordnung erprobten und bewährten – Besonderheit Rechnung trägt, daß eine unabhängige Zentralbank den Geldwert eher sichert als Hoheitsorgane, die ihrerseits in ihren Handlungsmöglichkeiten und Handlungsmitteln wesentlich von Geldmenge und Geldwert abhängen und auf die kurzfristige Zustimmung politischer Kräfte angewiesen sind. Diese Grundsätze sind allerdings – so sagt es das Maastricht-Urteil ausdrücklich[19] – nicht auf andere Politikbereiche übertragbar.

2. Grundrechte

Wenn vielfach gesagt wird, daß mit dem Solange II-Beschluß[20] der gerichtlich gewährte Grundrechtsschutz in der Kompetenzverteilung zwischen EuGH und Bundesverfassungsgericht abschließend geklärt sei, so bedarf auch diese These einer steten – kontinuitätsbewuß-

17 Beschlußempfehlung und Bericht des Sonderausschusses »Europäische Union (Vertrag von Maastricht)« vom 1. Dezember 1992, BTDrucks. 12/3896, S. 21.

18 BVerfGE 89, 155 (207 ff.).

19 BVerfGE 89, 155 (209).

20 BVerfGE 73, 338 m. Anm. H. H. Rupp, in: JZ 1987, 236.

ten - Überprüfung. Das Bundesverfassungsgericht hat im Maastricht-Beschluß in einer von der früheren Rechtsprechung ausdrücklich abweichenden[21] Aussage den Schutz durch die deutschen Grundrechte auch auf europäisch ausgeübte Hoheitsgewalt bezogen. Während die Anwendung der deutschen Grundrechte bisher nur den Schutz gegenüber deutschen Staatsorganen im Blick hatte,[22] ist nunmehr klargestellt, daß der Grundrechtsschutz für jede in Deutschland wahrgenommene Hoheitsbefugnis greift, also auch für die Anwendung von Gemeinschaftsrecht in Deutschland. Damit ist zwar nicht eine Art »Weltgeltung« der Grundrechte festgestellt,[23] wohl aber der Schutz der Grundrechte gegenüber jeglicher Hoheitswahrnehmung im Geltungsbereich des Grundgesetzes garantiert. Insoweit hat das Kooperationsverhältnis zwischen Bundesverfassungsgericht und EuGH schärfere Konturen gewonnen.

Nach einer ersten Interpretation dieser Aussage[24] könnte die grundgesetzliche Grundrechtsgarantie eine Prüfungskompetenz des Bundesverfassungsgerichts in den Fällen auslösen, in denen der Grundrechtsschutz beim EuGH aus verfahrensrechtlichen Gründen nicht erreicht werden kann oder in denen ein bestimmter Grundrechtstypus generell nicht Maßstab der Rechtsprechung des EuGH wäre. Als dritte Fallgruppe ist eine generelle, nicht angemessene Handhabung der Grundrechte durch den EuGH zu erwägen; allerdings besteht gegenwärtig kein Anlaß, diese Fälle näher zu analysieren,

---

21 BVerfGE 89, 155 (156), Leitsatz 7, S. 175.

22 BVerfGE 58, 1 (27) - Eurocontrol -.

23 So Bleckmann/Pieter, RIW 1993, S. 969 (972).

24 Vgl. Götz, in: JZ 1993, S. 1081 (1083).

da der EuGH den Grundrechtsschutz stetig intensiviert und er nunmehr in Art. F Abs. 2 EUV auch einen positivrechtlichen Grundrechtsauftrag erhalten hat. Praktische Bedeutung könnte eine Schutzlücke gewinnen, die während der Dauer eines Vorlageverfahrens nach Art. 177 EGV entsteht, wenn dem Betroffenen weder vom vorlegenden nationalen Gericht noch vom EuGH ein Eilrechtsschutz gewährt wird.[25] Im Maastricht-Urteil hat eine grundrechtsgleiche Gewährleistung ein Verfahren eingeleitet, in dem die Schranken der den europäischen Organen vertraglich eingeräumten Aufgaben, Kompetenzen und Befugnisse geprüft worden sind.

Darüber hinaus verdient die in einem Staatenverbund angelegte Rechtsfolge Beachtung, daß dort auch der grundrechtliche Gesetzesvorbehalt nicht als Parlamentsvorbehalt, sondern nur als Vorbehalt exekutiv gesetzter generell-abstrakter Grundrechtseinschränkungen wirksam werden kann. Diese europarechtliche Modifikation des Gesetzesvorbehalts rechtfertigt sich zwar aus der Eigenart eines Staatenverbundes, mag damit aber wiederum eine Grenze für das Ausmaß europarechtlicher Entparlamentarisierung andeuten.

3. Das Prinzip der begrenzten Einzelermächtigung

Auch die Aufteilung von Aufgaben, Kompetenzen und Befugnissen zwischen Mitgliedstaaten und EG sucht das Bundesverfassungsgericht im Einklang von grundgesetzlichem Maßstab und Vertragsinhalt zu beurteilen. Hier

25 Vgl. BVerfGE, 3. Kammer des Zweiten Senats, Beschluß vom 8. Dezember 1993 – 2 BvR 2323/93 (Vergabe von Bananenlizenzen).

begegnen sich das rechtsstaatliche und demokratische Erfordernis der hinreichenden Bestimmbarkeit des Zustimmungsgesetzes einerseits sowie das Prinzip der begrenzten Einzelermächtigung nach Art. 4 Abs. 1 Satz 2 EGV andererseits.[26] Der Vertrag begründet keine Kompetenz-Kompetenz der Europäischen Union, die sie ermächtigte, sich aus eigener Macht die Finanzmittel oder sonstigen Handlungsmittel zu verschaffen, die sie zur Erfüllung ihrer Zwecke für erforderlich erachtet.[27] Vielmehr gilt das Prinzip der begrenzten Einzelermächtigung mit der Folge, daß ein Schluß von der Aufgabe auf die Befugnis nicht zulässig ist,[28] insbesondere die weitgreifenden Zielankündigungen der Präambel und des Art. B EUV nicht die Wahrnehmung von Hoheitsrechten rechtfertigen, sondern nur die politische Absicht zur Verwirklichung einer immer engeren Union der Völker Europas bekräftigen. Die gegenwärtig erreichte Integrationsdichte jedenfalls erlaubt nicht mehr eine allein an den Zielen orientierte Kompetenzeinräumung, sondern verlangt, daß die Handlungsmöglichkeiten europäischer Organe auch in ihren Mitteln tatbestandlich erfaßt, ihre Aufgaben und Befugnisse also gegenständlich umgrenzt werden.[29]

4. Die Währungsunion

Die wichtigste Neuregelung trifft der Unions-Vertrag in den Vereinbarungen über die Währungsunion. Die

26 Vgl. auch Art. 3a, Art. 3b, Abs. 1, Art. 105 f., Art. 189 Abs. 1 EGV.

27 BVerfGE 89, 155 (192 ff., 197) – insbesondere zur Auslegung des Art. F Abs. 3 EUV.

28 BVerfGE 89, 155 (192).

29 BVerfGE 89, 155 (209 f.).

Einstufung des Art. 88 Satz 2 GG anerkennt diesen Integrationsschritt, wenn er ausdrücklich vorsieht, daß die Aufgaben und Befugnisse der Deutschen Bundesbank im Rahmen der Europäischen Union der Europäischen Zentralbank übertragen werden dürfen. Diese speziell für die Gründung der Europäischen Union eingeführte Regelung besagt auch, daß die Inanspruchnahme der Ermächtigung als solche nicht den Grundrechten – insbesondere nicht Art. 12 Abs. 1 und Art. 14 Abs. 1 GG – widerspricht.[30]

Der sachlogische Zusammenhang zwischen der Währungsunion und einer Wirtschaftsunion ist politisch einzuschätzen, nicht verfassungsrechtlich vorentschieden. Die Mitgliedstaaten haben im Vertrag nur die Währungsunion vereinbart, jedoch nicht gleichzeitig auch die Wirtschaftsunion und einen damit verbundenen »dominanten Haushalt« vorgesehen.[31] Dennoch gibt es gute Gründe für die Auffassung, daß eine Währungsunion politisch-faktisch nur bei alsbaldiger Ergänzung durch eine Wirtschaftsunion sinnvoll durchgeführt werden könne. Wenn nicht alle Staaten ein Wirtschaftssystem haben, das von einem zentralen staatlichen Großbudget und einem umverteilenden Sozialrecht geprägt ist und von einer gemeinsamen Außen-, Verteidigungs- und Bildungspolitik gestützt wird, so mag eine einheitliche Währung die auseinanderstrebenden Währungsgrundlagen kaum zusammenhalten können.

Der Erfolg der Währungspolitik dürfte letztlich von

30 BVerfGE 89, 155 (174).

31 Vgl. Seidel, Zur Verfassung der Europäischen Gemeinschaft nach Maastricht, EuR 1992, S. 125 (134).

der sachgerechten Einschätzung dieses Junktims abhängen. Vollzug und Entwicklung des Unions-Vertrages müssen vom Willen der Vertragspartner getragen sein und sind darauf angewiesen, daß die Mitgliedstaaten den Vertrag ständig mit Leben erfüllen. Deshalb läßt sich die in Art. 102aff. EGV vorgesehene Wirtschafts- und Währungsunion wegen der wechselseitigen Bedingtheit von vertraglich vereinbarter Währungsunion und vorausgesetzter Entwicklung auch zu einer Wirtschaftsunion nur bei der stetigen ernsthaften Vollzugsbereitschaft aller Mitgliedstaaten verwirklichen. Fehlt diese Vollzugsbereitschaft, so wird die Währungsunion nicht oder nicht zu dem vertraglich vorgesehenen Zeitpunkt eintreten. Dieses ist Inhalt des unter den verfassungsrechtlichen Bestimmtheitsanforderungen gewürdigten Unions-Vertrages.[32]

Im übrigen hängt die Entwicklung zur Währungsunion von weiteren deutschen Mitwirkungsakten ab. Ohne parlamentarische Zustimmung können weder die Konvergenzkriterien aufgeweicht noch ein deutscher Eintritt in die dritte Stufe der Währungsunion erzwungen werden. Auch hier zeigt das Urteil im einzelnen, daß die verfassungsrechtlichen Anforderungen eines bestimmbaren Parlamentsentscheides und der Inhalt des Unions-Vertrages miteinander übereinstimmen.

Die Währungsunion ist Stabilitätsgemeinschaft nicht nur nach den Eintrittskriterien, sondern auch nach den materiellen Bindungen und institutionellen Vorkehrungen für eine bereits entstandene Währungsunion. Auch diese Stabilität kann durch das Recht des Mitgliedstaates gestützt werden, bei einer vertragswidrigen In-

32 BVerfGE 890, 155 (200 ff.).

stabilität sich letztlich aus der insoweit nicht mehr vom Vertrag legitimierten Gemeinschaft zu lösen. Damit wird nochmals verdeutlicht, daß die vertragliche Konzeption der Währungsunion als Stabilitätsgemeinschaft Grundlage und Gegenstand des deutschen Zustimmungsgesetzes ist. Sollte die Währungsunion die bei Eintritt in die dritte Stufe vorhandene Stabilität nicht kontinuierlich wahren können, so würde sie die vertragliche Konzeption verlassen.

Der rechtliche Rahmen für die weitere Integrationsentwicklung ist somit deutlich umgrenzt. Inwieweit die nächsten Schritte der Währungsunion eingeleitet und vollzogen werden, wird insbesondere von dem Beitritt weiterer Mitgliedstaaten zur Europäischen Union, von den Ergebnissen der Revisionskonferenz 1996 (Art. N Abs. 2 EUV), vom Erfolg des EWS und einer baldigen Rückkehr zu normalen Bandbreiten des Wechselkursmechanismus des Europäischen Währungssystems[33] sowie vom fortdauernden Willen der Mitgliedstaaten zu einer europäischen Gemeinschaft der stabilen Währung abhängen.

III. Die Rechtsgemeinschaft

Die Europäische Union gewinnt ihre Gestaltungskraft und ihre rechtliche Dignität aus ihrem Charakter als Rechtsgemeinschaft. Dieses bedeutet, daß alles Handeln der Europäischen Union sich auf eine rechtliche Grundlage stützt, diese hinreichend bestimmt und voraussehbar ist und Rechtsverantwortlichkeiten deutlich zuweist.

33 Vgl. dieses Element eines der vier Konvergenzkriterien in Art. 109j Abs. 1 EGV.

Deshalb müssen das beabsichtigte Integrationsprogramm und die zur Wahrnehmung übertragenen Rechte mit hinreichender Bestimmtheit in dem Vertrag und dem auf ihn bezogenen Zustimmungsgesetz vorgezeichnet sein.[34] Eine Generalermächtigung oder eine unbestimmte Andeutung von Umfang und Ausmaß der zur Wahrnehmung übertragenen Hoheitsrechte würde den Europäischen Gemeinschaften nicht benannte Aufgaben und Befugnisse zuweisen und widerspräche damit dem Grundgedanken der Rechtsgemeinschaft, ebenso aber auch dem demokratischen Erfordernis einer parlamentarischen Hoheitsübertragung durch Zustimmungsgesetz.[35] Spätere wesentliche Änderungen des im Unionsvertrag angelegten Integrationsprogramms und seiner Handlungsermächtigungen sind nicht mehr vom Zustimmungsgesetz zu diesem Vertrag gedeckt; die daraus hervorgehenden Rechtsakte sind bis zu einer förmlichen Vertragsänderung im deutschen Hoheitsbereich nicht verbindlich, und deutsche Staatsorgane wären aus verfassungsrechtlichen Gründen gehindert, diese Rechtsakte in Deutschland anzuwenden.[36]

Dementsprechend räumen die Gründungsverträge der Europäischen Gemeinschaften in umgrenzten Tatbeständen Hoheitsrechte ein und behalten die Vertragsänderung - in einem regelmäßigen wie in einem vereinfachten Verfahren - den Mitgliedstaaten vor. Auf dieser Grundlage ist eine dynamische Erweiterung der bestehenden Verträge durch großzügige Handhabung

34 BVerfGE 89, 15 (187); 58, 1 (37).

35 BVerfGE 89, 155 (187 f.).

36 BVerfGE 89, 155 (188); vgl. auch BVerfGE 58, 1 (30 f.); 75, 223 (235, 242).

der vertraglichen Ermächtigungen - sei es durch eine »Vertragsabrundungskompetenz«, durch den Gedanken der inhärenten Zuständigkeiten der Europäischen Gemeinschaften (»implied powers«) oder einer Vertragsauslegung im Sinne der größtmöglichen Ausschöpfung der Gemeinschaftsbefugnisse (»effet utile«) - nicht möglich. Eine Vertragsauslegung, die im Ergebnis einer Vertragserweiterung gleichkommt, verletzt die Aufteilung von Kompetenzen und Befugnissen zwischen den aus dem Vertrag berechtigten europäischen Organen und den die Fortbildung des Vertrages betreibenden Mitgliedstaaten.[37]

Schließlich begründet die Rechtsgemeinschaft auch eine grundsätzlich langfristige Zugehörigkeit der Mitgliedstaaten. Dem widerspräche ein allein vom wechselnden Willen der Mitgliedstaaten abhängiges Austrittsrecht; die Rechtsgemeinschaft bindet grundsätzlich auf Dauer, bis die Grundlagen der Gemeinsamkeit nicht mehr hinreichen und die vertragliche Bindung deshalb »letztlich - als ultima ratio - . . . auch einer Lösung aus der Gemeinschaft« nicht entgegensteht.[38] Das europäische Vertragsrecht und der diesem Recht Verbindlichkeit vermittelnde Akt parlamentarischer Zustimmung trägt, solange die vorausgesetzten, im Vertrag rechtlich aufgenommenen Gemeinsamkeiten und die demokratische Zugehörigkeit den Vertragsinhalt stützen. Deshalb begründet der Unionsvertrag in erster Linie einen Staatenverbund kraft gemeinsamer Rechtsziele und Rechtsbedürfnisse und erst in zweiter Linie eine Rechtsgemeinschaft kraft Rechtsverbindlichkeit.

37 Vgl. BVerfGE 89, 155 (210).
38 BVerfGE 89, 155 (204, vgl. auch 190).

Diskussion

Nahrendorf: Sie haben darauf hingewiesen, daß die Konvergenzkriterien auch nach Eintritt in die Währungsunion von den Mitgliedstaaten der Europäischen Union dauerhaft beachtet werden müßten. Herr Waigel hat einen Stabilitätspakt vorgeschlagen, der weithin als ein völkerrechtlicher Vertrag interpretiert wird. Welche Verfassungsänderungen wären erforderlich, damit dieser Vertrag Bund, Länder, Gemeinden und vielleicht sogar die Sozialversicherungen binden könnte?

Brok: Mit Ihrer Feststellung, daß die Europäische Union keine Kompetenz-Kompetenz hat, daß die Kompetenzen, die sie hat, von den Mitgliedstaaten verliehen sind, und daß daher die Rolle der nationalen Parlamente bei Veränderung des Vertragsrechts so sein muß, wie sie ist, stimme ich völlig überein.

Beim Sekundärrecht ist das anders. Wir stellen fest, daß die Europäische Union eine eigene Rechtsordnung aufstellt und dort, wo sie Kompetenzen hat, Gesetzgebung so betreibt, als sei sie ein Staat.

Sie sagten über das Europäische Parlament, daß es noch kein vollständiges Parlament sei. Das ist richtig. Aber dort, wo es ein Mitentscheidungsrecht hat, ist Gesetzgebung nicht gegen das Europäische Parlament möglich. Dort ist es leichter, kommissionsverändernde Positionen über das Europäische Parlament als über ein einzelnes Mitgliedsland zu erwirken. Daher ist die Rolle des Europäischen Parlaments insbesondere in der Binnenmarktgesetzgebung eine sehr gewichtige.

Sie sagten, man solle bezüglich der Transparenz und der Rechte des Europäischen Parlaments in der Regierungskonferenz mehr tun. Diese auf die nationalen Parlamente zurückzuverlagern, würde, so Karel van Miert, auf Dauer Handlungsunfähigkeit bedeuten. Der Europäische Gerichtshof hat festgestellt, wenn innerhalb einer bestimmten Zeit europäische Richtlinien national nicht umgesetzt werden, hat der Bürger einen unmittelbaren Anspruch.

Laut Kommission gibt es 22, manche Wissenschaftler zählen sogar 27 Entscheidungsverfahren zwischen Kommission und Parlament. Das ist ein ausschlaggebender Grund für die mangelnde Akzeptanz Europas. Der interessierte Bürger kann nicht nachvollziehen, wer für was und wann in Brüssel verantwortlich ist.

Mittelsten Scheid: Ich möchte an die Ausführungen von Herrn Nahrendorf anknüpfen: Welche Sanktionsmöglichkeiten hat ein Staatenverbund überhaupt? Und welche Sanktionsmöglichkeiten hat die Europäische Gemeinschaft?

Kirchhof: Die Frage nach einem Stabilitätspakt berührt eher vertragsrechtliche und verfassungsrechtliche Aspekte außerhalb Deutschlands, denn dort wäre eine Vertragsänderung weitgehend nur durch Plebiszit möglich. Das würde eine Änderung bei allen 15 Mitgliedstaaten außerordentlich erschweren.

Deshalb der Gedanke, unter den Mitgliedern der Gemeinschaft einen außerhalb von Gemeinschaft und Supranationalität verbleibenden völkerrechtlichen Vertrag zu schließen. Dafür gilt nach deutschem Verfassungsrecht die Regel, daß der Bund als Inhaber der auswärtigen Gewalt diese Verträge mit Verbindlichkeit für die Bundesrepublik Deutschland abschließt. Ob davon Bund, Länder und Gemeinden betroffen sind, hängt mit dem Gesetzgebungsverfahren in Deutschland zusammen, insbesondere mit der Frage, ob der Bundesrat einer Änderung zustimmen muß. Das ist normalerweise der Fall, wenn Kompetenzen der Länder berührt werden. Es betrifft aber, abgesehen von wenigen Modifikationen der Mitwirkung der Länder nach Artikel 23GG neuer Fassung, prinzipiell nicht die Vertragsabschlußkompetenz der Bundesregierung und die Entscheidungskompetenz des Parlaments.

Wir müssen unterscheiden. Wenn die Zuständigkeit bei der EU liegt, stimme ich Ihnen nachdrücklich zu, daß bei den nationalen Parlamenten kein Vetorecht mehr begründet werden darf, denn das würde die EU in ihrer Willens- und Rechtsbildung sowie in ihrer Handlungsfähigkeit wesentlich einschränken, in Einzelfragen sogar handlungsunfähig machen.

Die Frage ist: Hat die EU eine Ausgangskompetenz zur Rechtsetzung? Wenn das der Fall ist, müssen wir die Rechtsetzung auf EU-Ebene für das sekundäre Gemeinschaftsrecht abschließend etablieren. Sie haben die 22 oder 27 Verfahrensarten angeführt. Das ist eine so hohe Zahl, daß die klare Zuweisung von Verantwortlichkeiten, von politischem Beobachtungspotential und letztlich von demokratischer Kontrolle und rechtsstaatlicher Einforderung der Kompetenz als Pflicht nicht mehr gegeben ist. Deshalb ist es ein elementares Anliegen der EU als Rechtsgemeinschaft, die Aufgabenkompetenzen und Verantwortlichkeiten klarzustellen.

Zu der Frage nach den Sanktionsmöglichkeiten: Der Vertrag hat sich um Sanktionsmöglichkeiten bemüht, aber ob ein Staat, der die wirtschaftlichen Kriterien nicht erfüllt oder sie verläßt, mit Geldzahlungspflichten belastet werden soll, ist fragwürdig. Das mag seine Willensbildung in die richtige Richtung lenken, aber sein wirtschaftliches Potential wird dadurch nicht gestärkt. Deswegen ist das Problem auch in der Maastricht-Entscheidung des Bundesverfassungsgerichts aus der Perspektive der Mitgliedstaaten behandelt worden. Es ist betont worden, daß die EU eine Gemeinschaft auf Dauer ist. Auch die Währungsunion ist gerade wegen der wirtschaftlichen Anforderungen an diese Gemeinschaft und des langfristigen Einlösungsvertrauens der Betroffenen eine auf lange Zeit angelegte Gemeinschaft.

Dennoch ist es nicht eine Gemeinschaft auf Gedeih und Verderb schlechthin. Wenn die Legitimationsgrundlage, die sich letztlich auf Vertrauen in den Völkern der Mitgliedstaaten stützt, nicht mehr ausreichen sollte, könnte sich – so sagt das Verfassungsgericht – der Staat als Ultima ratio aus der Gemeinschaft lösen.

Es ist von Kommentatoren, die die Entscheidung nicht genau gelesen haben, gesagt worden, das Bundesverfassungsgericht habe ein Austrittsrecht etabliert. Die EU gewinnt ihren eigentlichen Impetus für den Verlauf der weiteren Integration aus der Zustimmung der Staaten, also letztlich der Staatsvölker. Wäre diese Zustimmung langfristig nicht mehr gewährleistet, würde aus dem rechtlichen Zusammenhalt eine Zwangsjacke und diese Gemeinschaft nicht mehr zusammengehalten werden können. Deswegen ist es wichtig, die Orientierung dieser Gemeinschaft als Gemeinschaft des Rechts, die sich letztlich auf einen demokratischen Entstehensgrund stützt, zu formulieren und zu etablieren. Ebenso wichtig ist die rechtsverbindliche Definition der Risiken, die sich bei grobem Verfehlen des Stabilitätsziels ergeben könnten.

Rahmsdorf: Die Europäische Zentralbank hat den klaren Auftrag, die Stabilität zu sichern, und sie hat Rechte, die in der Satzung niedergelegt und in Protokollen beschrieben sind. Was passiert, wenn sich herausstellt, daß das, was dort niedergelegt ist, nicht ausreicht, um das Ziel der Geldwertstabilität zu erreichen? Vielleicht liegen die Probleme nicht nur in der Tätigkeit der EZB, sondern vielmehr im finanzpolitischen Bereich? Sollte man nicht gerade hier eine großzügigere Auslegung vornehmen und dem Ministerrat Möglichkeiten lassen? Sollte er nicht Maßnahmen ergreifen können, die im Stabilitätspakt vorgesehen und in der Praxis vielleicht notwendig sein werden? Wäre es nicht besser, von vornherein die Mauern nicht so hoch aufzurichten und eine solche Möglichkeit offenzulassen?

Süchting: Selbst Deutschland hält derzeit nicht alle Konvergenzkriterien ein. Nun gibt es Leute, die darauf verweisen, es gebe Interpretationsspielräume. Was verstehen Sie als Jurist unter »strikter Einhaltung der Konvergenzkriterien«?

Walter: Es geht mir genau um das *ex post opting-out* der Deutschen nach der Entscheidung und um die Frage, was es an justitiablen Interpretationen gibt.

Der Sinn der Maastrichter Verträge ist die dauerhafte Sicherung der Geldwertstabilität. Es ist die Frage, ob die von den Forschungsinstituten genannte Interpretation eines zyklisch bereinigten Defizits eine geeignetere Grundlage für die Überprüfung der Konvergenz darstellt als die durch die Rezession verzerrte Veränderung des Defizits.

Die Frage stellt sich ja nur, wenn das Parlament feststellt, daß die strikte und enge Interpretation nicht gegeben sei. Wenn beispielsweise die Länder mit ihrer eigenen Finanzpolitik entscheidend dazu beitragen, daß Deutschland die Bedingungen nicht erfüllt: Ist dann noch der Sinn des Begleitbriefs bei der Ratifizierung sachgerecht erfüllt? Was folgt daraus?

Wenn es denn auf eine strikte und enge Erfüllung ankommt, muß dann nicht auch derjenige, der rechtsverbindlich interpretiert, das Statistische Bundesamt anrufen? Muß dieses nicht über die Frage nachdenken, ob beispielsweise die Schattenwirtschaft in den neuen Bundesländern sachgerecht und zeitnah erfaßt ist und damit dem Referenzwert entsprechende Ehre zuteil wird?

Kirchhof: Wir können wie im Verfassungsrecht und im Staatsrecht auch im Europarecht keine Kompetenz kraft Sachzwangs oder kraft sachlicher Notwendigkeit anerkennen. Der Vertrag lädt möglicherweise ein, finanzpolitisch und geldwirtschaftlich abenteuerliche Wege zu beschreiten. Er hat jedoch den Kompetenzen und Aufträgen Konturen gegeben. Wir haben auch im Staatsrecht mit den Kompetenzen kraft sachlicher Notwendigkeit schlechte Erfahrungen gemacht, weil der große Streit darum geht, ob das, was der jeweilige Kompetenznichtinhaber zu tun gedenkt, sachlich geboten, zwangsläufig oder naturgesetzmäßig sei. Hinsichtlich der wirtschaftlichen Gesetzmäßigkeiten sind wir in besonderer

Weise zurückhaltend gewesen, weil wir alle einmal Keynesianer waren und heute nicht wissen, ob die jeweiligen Gesetzmäßigkeiten tatsächlich Gültigkeit beanspruchen können.

Lassen Sie uns die Komptenznormen als Zuweisung von Verantwortlichkeiten und Gestaltungsmöglichkeiten handhaben. Daß Handlungsspielräume bleiben, daß ganz bewußt offene oder verengte Kompetenzen im Vertrag vorgesehen worden sind, ist selbstverständlich.

Zu der Frage nach der strikten Einhaltung der Konvergenzkriterien: Ich nehme den Begriff auf, den Bundestag und Bundesrat in ihren Erklärungen gewählt haben. Sie haben ausdrücklich gesagt, sie wollten einer Aufweichung der Konvergenzkriterien durch den Kontrollvorbehalt entgegenwirken. Daß man nun den Tatbestand der Striktheit wird interpretieren können, beunruhigt mich nicht, weil eine Selbstbindung des Parlaments, von Bundestag und Bundesrat, vorliegt. Wenn diese Organe das Erfordernis der strikten Handhabung in einer bestimmten Weise interpretierten und einen bestimmten Übergang tolerieren, wird man sich vor Augen führen, daß das Parlament der Erstinterpret der Verfassung ist und das Bundesverfassungsgericht nur der Zweitinterpret. Insofern wird der Erstadressat, was die Striktheit angeht, Bundestag und Bundesrat sein, nicht das Bundesverfassungsgericht.

Natürlich sind gerade die Kriterien, die eine dauerhafte Finanzwirtschaft ermöglichen oder rechtlich befördern, in der Justitiabilität kritisch. Ich habe immer den Eindruck gewonnen, daß wir im deutschen Verfassungsrecht schlecht beraten waren, wenn wir wirtschaftliche Begriffe in die Verfassung aufzunehmen und sie juristisch zu handhaben suchten. Deswegen möchte ich mich diesen Begriffen mit großer Behutsamkeit nähern. Sollte der Richter in der Entscheidungsverantwortung sein, hat er die Verpflichtung, innerhalb angemessener Frist eine Antwort zu geben. Diese Antwort eines Verfassungsgerichts ist reine Rechtsprechung, sie hat jedoch Auswirkungen auf die Politik.

Ich sehe die Rolle des Bundesverfassungsgerichts wie die des Schiedsrichters beim Fußballspiel. Er muß auf der Höhe des Balles sein, er muß vom Spiel möglichst viel verstehen, er muß sich bewußt machen, wenn er interveniert, um die Einhaltung der Regeln einzufordern, kann das für das Spielergebnis wichtig sein. Aber er darf den Ball nie selber spielen. Zu sagen, er sei für das Spielergebnis schlechthin unerheblich, wäre eine Verkennung seiner Rolle.

Seidel: Herr Kirchhof, zu den vielen grundlegenden Aussagen des Urteils gehört die These, daß das Grundgesetz eine Sperre hinsichtlich der Übertragung echter Kernfunktionen des Staates auf die Europäische Union bildet, jedenfalls solange, wie auf der zentralen Ebene eine ausreichende demokratische Legitimation nicht gewährleistet ist. Das wirft die Frage auf, wo die Grenze zwischen den sogenannten Kern- und den Nicht-Kern-Funktionen des Staates zu ziehen ist. Bezüglich der Währungspolitik hat es sich das Urteil relativ leicht gemacht, indem es schlicht und einfach auf die Grundgesetzänderung hingewiesen hat, die wir im Vorfeld der Ratifizierung getroffen haben.

Lauterfeld: Welche Rolle spielt der Grundsatz der Subsidiarität? Müssen die Kompetenzen nach diesem Grundsatz festgelegt werden? Und wenn diese festgelegt sind, welche Rolle spielt dieses Prinzip dann überhaupt noch? Denn ein EuGH kann ein Verfahren auch nur überprüfen und keine politischen Urteile fällen. Wenn er nach Subsidiarität urteilen müßte, würde er zwangsläufig eine politische Entscheidung treffen, für die kleinere Einheit oder für die Europäische Union. Wenn eine Kompetenzfestlegung stattgefunden hat, kann dann nur noch das Übermaßverbot eine rechtliche Größe europäischen Handelns bilden?

Böckenförde: Sie haben die Verhältnisse in Europa auf der Grundlage des Urteils klar dargestellt, aber den Anwendungsfall Währungsunion nicht behandelt.

Wenn die Konvergenzkriterien und die Rückbindung an das Sechste Protokoll beachtet werden – das ist ja Teil des Vertrages, wie es das Urteil besagt –, hat der Gesetzgeber oder in nächster Instanz das Verfassungsgericht nur einen bestimmten Beurteilungsrahmen. Dann bedürfte es einer Vertragsänderung, um die Konvergenzkriterien flexibler zu gestalten. Eine Vertragsänderung bedarf der Zustimmung aller Vertragspartner, nicht nur der Kandidaten für die Währungsunion. Tut sich hier nicht eine Sackgasse auf, oder ist der Ausweg, ähnlich wie bei den Agrarkonferenzen, die Uhr anzuhalten? Man sollte die Frage nicht vor sich herschieben, bis der Druck zu groß wird, denn eine Europäische Währungsunion, die sich allein auf Luxemburg oder Dänemark beschränkt, ist nun einmal nicht sinnvoll. Wenn man die Konvergenzkriterien nicht über die Grenze möglicher Interpretation hinaus aufweicht, wird sie 1999 nicht erreichbar sein. Oder es müssen politische Anstrengungen unternommen werden, deren absehbare Folgen einer vernünftigen Politik widersprechen; man könnte sozusagen eine Rezession zugunsten der Erfüllung der Konvergenzkriterien herbeiführen.

Kerber: Ich zolle der juristischen Gediegenheit des Maastricht-Urteils bezüglich der Währungsunion Respekt. Aber das Urteil weckt die Illusion, die Risiken, die aus dem Prozeß der Währungsunion erwachsen, mit juristischen Mitteln im Griff halten zu können. Es kommt mit der Einhaltung oder Nichteinhaltung der Konvergenzkriterien der point of no return. Er ist spätestens erreicht, wenn umgestellt wird.

Was danach kommt, läßt sich juristisch kaum regeln. Wir sitzen in einem Zug, in dem es auf die Machtverhältnisse innerhalb der Europäischen Zentralbank ankommt. In der Europäischen Zentralbank hat Deutschland eine einzige Stimme. Die Europäische Zentralbank ist institutionell mustergültig konzipiert. Sie geht in ihrer Unabhängigkeit signifikant über das hinaus, was die Bundesbank für sich in Anspruch nimmt. Es ist zu erwarten, daß sich eine gute, der Bundesbank vergleichbare Zentralbankpraxis entwickelt. Aber juristisch läßt sich das nicht garantieren und nicht regeln.

Kirchhof: Wir haben in dem Maastricht-Urteil festgestellt, daß sich mit dem, was in Maastricht I vereinbart worden ist, die Frage der Verstaatlichung der europäischen Gewalt nicht stellt und deswegen dieses Urteil auf das Problem Staatswerdung und Einbringung der Mitgliedstaaten in eine föderative Funktion nicht einzugehen braucht.

Zu der Frage nach der Subsidiarität: Diese ist eine Kompetenzausübungsschranke, setzt also voraus, daß die EU eine anderweitige Kompetenz im Vertrag hat, und schreibt vor, wie diese Gemeinschaftskompetenz auszuüben ist. Es ist nicht eine Kompetenzzuweisungsregel.

Was die konkrete Handhabung angeht, sie wurde als großer Erfolg der Wahrung von mitgliedsstaatlichen Rechten, auch von Landes- und Gemeinderechten, gefeiert. Ich bin persönlich skeptisch; denn die zentrale Frage ist: *Quis iudex cavet?* Das werden die Gemeinschaftsorgane sein. Wenn die Gemeinschaftsorgane feststellen, eher zuständig zu sein als die unteren Organe, könnte es in der Handhabung einen Sog zur Kompetenzwahrnehmung nach oben und nicht eine Verteilung nach unten geben.

In der Tat, das Recht bietet einen Beurteilungs-, aber keinen Ermessensspielraum. Der Richter hat Recht anzuwenden, mag dieses Recht genau oder weniger genau formuliert sein. Wir müssen die Termine als einen Versuch sehen, eine Bewegung in Gang zu setzen und diese möglicherweise zu beschleunigen. Wenn der Termin überschritten ist, bedeutet das nicht, daß die Umsetzung auf dieser Rechtsgrundlage nicht mehr möglich wäre. Was die Handhabung der Konvergenzkriterien mit Blick auf den Erfolg betrifft: Wir haben natürlich einen Stabilisierungsauftrag im Vertrag. Insofern ist das Rezessionsthema durchaus ein Vertragsthema, das möglicherweise zu gegebener Zeit juristisch zu behandeln wäre.

Ich beurteile die EU als eine Rechtsgemeinschaft, die sie ist, aber immer auch als werdende Gemeinschaft. Sie will ja eine zunehmend integrierte Gemeinschaft werden. Diese werdende Rechtsgemeinschaft bedingt, daß wir teilweise mit juristischer Gediegenheit Risiken nur mindern, aber nicht ausschließen können.

Wolfgang Schäuble

Wolfgang Schäuble

Warum Deutschland Europa braucht

I.

In dem Buch »Die Straße von Malakka« beschreibt der damalige deutsche Botschafter Wolfram Duffner eindrucksvoll das Leben im aufsteigenden Singapur um 1980. Unter der starken Hand von Premierminister Lee Kuan Yew schufen bienenfleißige Menschen in kurzer Zeit eine moderne Infrastruktur und beachtlichen Wohlstand; zugleich wurde in einer für westliche Augen und Ohren schon fast lächerlich wirkenden Weise auf Ordnung, Sauberkeit, Pünktlichkeit geachtet und alles daran gesetzt, traditionelle Werte zu erhalten und den Einfluß westlicher Dekadenz zu vermeiden. 16 Jahre später spricht derselbe Lee Kuan Yew in München davon, daß die Zeiten der asiatischen Werte wohl bald vorbei seien und der westliche Einfluß immer stärker werde: »Wir haben uns selbst untergraben, als wir die Frauen ausbildeten ...« Seit die Frauen so gut ausgebildet und berufstätig seien, sei der Zusammenhang der Familie geschwächt, auf den in der singapurischen Gesellschaft so viel Wert gelegt wird. Zudem sei es heute auch schwierig, das Eindringen westlicher Werte etwa durch Fernsehen und Medien gänzlich zu kontrollieren. Die Bürger Singapurs seien reisefreudig und würden im Ausland mit anderen Ideen konfrontiert.

Die Geschichte beschreibt etwas von der Unaufhaltsamkeit von Veränderungen in unserer Zeit, auch von der fortschreitenden Globalisierung und wechselseitigen Beeinflussung in allen Teilen dieser Welt. Der Einfluß der Medien durch die weltweite Verfügbarkeit von Informationen ist angesichts der Entwicklung moderner Kommunikationstechniken nicht mehr aufzuhalten. In der ehemaligen DDR, in der zunächst Westfernsehen noch polizeilich verfolgt wurde, hat man schließlich das Elbtal verkabelt, um den Empfang von ARD und ZDF zu ermöglichen, weil die Leute sonst nicht im »Tal der Ahnungslosen« geblieben wären.

Ebenso hat Gorbatschow Mitte der 80er Jahre verstanden, daß auch totalitäre Diktaturen dem vergleichenden Wettbewerb der Systeme unterliegen. Und selbst die chinesischen Machthaber konnten 1989 die Kameras vom Platz des Himmlischen Friedens nicht fernhalten.

Umgekehrt erfahren in Afrika oder Lateinamerika Menschen in erbarmungswürdigen Lebensumständen über das Fernsehen beinahe hautnah, wie andere Menschen in der nördlichen Hemisphäre in einem Wohlstand leben, den man aus der Entfernung nur als paradiesisch empfinden kann. Massenwanderung ist eine der potentiellen Folgen. Eine weitere Folge ist die Flucht in fundamentalistische Bewegungen, die ihre inneren Spannungen nur allzu leicht durch terroristische Anschläge überall auf der Welt entladen. Nimmt man eine andere Krisenerscheinung, die steigende Belastung der Umwelt, so sind auch dort die Probleme längst nicht mehr teilbar – die Welt ist, was die Gemeinsamkeit der Risiken und Bedrohungen anbetrifft, zum »global village« geworden.

Sicherheit ist nicht mehr teilbar, und schon gar nicht in Europa. Kein Land kann für sich allein Frieden, Freiheit und Stabilität auf dem europäischen Kontinent garantieren. Seit dem Wegfall des Eisernen Vorhangs ist das Gefälle, das die Jalta-Teilung zwischen Ost und West in 45 Jahren hinterlassen hat - wirtschaftlich, sozial, politisch, ökologisch - so riesig, daß schon der Club of Rome in einem seiner Berichte in den frühen 90er Jahren Wanderungsbewegungen von Ost nach West als die größte Gefahr für die Stabilität demokratischer Staaten in West- und Nordeuropa beschrieben hat. Weil unter der totalitären Herrschaft des real existierenden Sozialismus die föderale, friedliche Aufarbeitung von Konflikten zwischen Volks- oder Religionsgruppen nicht gelernt werden konnte, entlädt sich dieses Konfliktpotential nach dem Wegfall des totalitären Drucks mit einem nicht mehr für möglich gehaltenen Ausmaß an Haß und Gewalt. Die Ereignisse im ehemaligen Jugoslawien stehen für diese grausame Wirklichkeit.

Es gibt Menschen, die glauben, es käme nicht in Frage, das IFOR-Mandat zu verlängern, wenn die verschiedenen Bevölkerungsgruppen in Bosnien nicht während eines Jahres lernten, miteinander in Frieden zu leben; dann könne man ihnen eben nicht helfen, denn Frieden könne man schließlich nicht erzwingen. Ich habe eine solche Auffassung immer für kurzsichtig gehalten. Das Wiederaufflammen des Krieges auf dem Balkan würden wir genauso wenig wie andere Europäer über einen längeren Zeitraum ertragen, nicht nur wegen der Flüchtlingsströme.

Wir könnten es auch nicht wegen der Gefahr ertragen, daß das elende Beispiel, politische, religiöse, soziale oder ökonomische Konflikte mit militärischen Mitteln und barbarischen Verbrechen auszutragen, auch anderswo Schule machen könnte, wo Jahrzehnte kommunistischer Unterdrückung genügend Konfliktpotential vergleichbarer Art hinterlassen haben. Vor allem könnten wir es deshalb nicht ertragen, weil wir nicht jeden Abend im Fernsehen über einen längeren Zeitraum Zeuge sein können, daß anderthalb Flugstunden von uns entfernt ein barbarischer Krieg stattfindet, Völkermord begangen wird und Menschen erbarmungslos niedergemetzelt werden, ohne daß uns das betrifft. Ein paar Monate können wir den Verantwortungsdruck verdrängen, aber längeres tatenloses Zusehen hätte empfindliche Folgen für unser Selbstverständnis und für unsere »Seele«.

Der Chefarzt einer Rehabilitationsklinik, in der ich Ende 1990 einige Zeit verbrachte, erinnert mich gelegentlich daran, daß ich ihm im November 1990 bei einem unserer abendlichen Gespräche gesagt haben soll: »Sie werden sehen, man wird sich bald nach der Mauer zurücksehnen, weil so ungeheuer viele Veränderungen, so unkalkulierbare Entwicklungen auf uns zukommen und wir Verantwortung übernehmen müssen, gegen die wir uns wehren.«

Die Deutschen haben ein stärkeres Bedürfnis nach Stabilität und Sicherheit als andere, darüber ist nicht zu spotten oder zu klagen, das ist eine Folge der Brüche zumindest in der ersten Hälfte dieses Jahrhunderts. Es hat schließlich auch etwas damit zu tun, daß wir in der Mitte Europas gelegen sind und daß alles, was in Europa geschieht, uns unmittelbarer und schneller als andere betrifft. Wir haben mehr Nachbarn als andere, von der

Stadtgrenze der deutschen Hauptstadt Berlin bis zur polnischen Westgrenze sind es 60 Kilometer. Und wenn in Polen die Entwicklung schlecht verliefe, wäre Deutschlands Stabilität unmittelbar berührt.

II.

Unser Interesse an Stabilität führt mich zur europäischen Integration. Ohne europäische Integration, übrigens auch ohne atlantische Integration, wird es dauerhafte Stabilität und Sicherheit in Europa nicht geben. Das ist für mich die wichtigste Begründung europäischer Integration. Es darf niemals zu einem Gegensatz zwischen europäischer Integration und atlantischer Gemeinschaft kommen. Darüber haben wir gelegentlich mit unseren französischen Freunden zu diskutieren gehabt, seit der letzten NATO-Außenministerkonferenz in Berlin weniger als zuvor. Es ist ein wichtiger Erfolg gemeinsamer Politik, auch der Politik der Bundesregierung und des Bundeskanzlers, daß wir uns nie vor diese Alternative haben stellen lassen. Das eine ohne das andere geht nicht. Die Erfüllung unseres existentiellen, elementaren Interesses an gesichertem Frieden, demokratischer Stabilität in ganz Europa und allem, was dazugehört, ist die wichtigste Begründung, warum wir Deutschen Europa brauchen.

Diese Aufgabe können wir nicht im Alleingang angehen. Deshalb brauchen wir unsere Partner, und deshalb brauchen wir Erfolge bei der Politischen Union. Die Voraussetzung für Erfolge bilden Reformen, die auch diesen Namen verdienen. Dies ist Aufgabe der Regierungskonferenz. Im Mittelpunkt stehen dabei echte

Fortschritte in der gemeinsamen Außen- und Sicherheitspolitik. Die Chancen dafür sind gestiegen, seitdem sich Frankreich auf den Weg zurück in die militärische Integration der NATO begeben hat.

Zunächst geht es bei der gemeinsamen Außen- und Sicherheitspolitik um die Stabilisierung Mittelosteuropas, dabei ist das wichtigste Instrument die baldige Beitrittschance. Was für die stabile demokratische Entwicklung in den Ländern, die bis 1990 zum Warschauer Pakt gehört haben, genauso ein Anker von Stabilität und Hoffnung ist, wie einst für die junge Demokratie in der alten Bundesrepublik Deutschland die Zugehörigkeit zum zusammenwachsenden Europa und zum Westen der Stabilitätsanker war.

Weil die Europäische Union eine Politische Union ist, darf es in ihr nicht Zonen unterschiedlicher Sicherheit geben, und deswegen muß für die ostmitteleuropäischen Länder der Beitritt zur Europäischen Union immer auch mit dem Beitritt zur NATO verbunden sein. Die NATO konnte damit leben, daß Irland, am westlichen Rand Europas gelegen, über Jahrzehnte zwar Mitglied der Europäischen Gemeinschaft, aber nicht der NATO war, aber eine Europäische Union mit Mitgliedern wie Polen, Ungarn, Tschechien oder Slowenien, die wegen russischen Widerstands nicht Mitglieder der NATO werden dürften, wäre ihrer politischen Dimension beraubt.

Genauso wichtig, vielleicht für uns Deutsche von geringerer Priorität als für Franzosen, Spanier oder Italiener ist die gemeinsame Mittelmeerpolitik. Wer den Mittelmeerraum von Nordafrika bis zur Türkei als das konflikt- und entwicklungsträchtigste Gebiet der Weltpolitik begreift, dem muß die Notwendigkeit einer gemeinsamen Mittelmeerpolitik nicht länger begründet werden.

Eine gemeinsame Mittelmeerpolitik verspricht jedoch erst dann Erfolg, wenn sie auf eine gemeinsame Anstrengung von Europäern und Amerikanern bauen kann. Im Verhältnis zu Israel müssen dies vielleicht die Amerikaner und im Verhältnis zu Nordafrika die Franzosen erst noch begreifen. Daß die weitere Entwicklung der Türkei für alle atlantischen Partner von gewaltigem Interesse ist, liegt auf der Hand.

Wir brauchen Europa schließlich auch wegen der inneren Stabilität und den daraus resultierenden Anforderungen an die Justiz- und Innenpolitik. Die Europapolitiker nennen das die dritte Säule, mir klingt das zu abstrakt, um die Menschen zu überzeugen; gemeint ist die Sicherung der Freiheitsrechte und die Erfüllung der Erwartungen, die Menschen an die staatlichen Institutionen haben. Denn die Menschen erwarten, daß der Staat, so schlank auch immer er werden soll, ihren elementaren Schutzbedürfnissen gerecht werden kann – körperliche Unversehrtheit, Eigentum usw., also der alte, klassische Rechtsstaat. Auf sich allein gestellt ist der Nationalstaat dazu nicht mehr in der Lage.

In meinem Wahlkreis, der an der Stadtgrenze von Straßburg endet, höre ich immer wieder das Argument, die Abschaffung der Personenkontrollen an der Grenze durch das Schengener Abkommen sei der entscheidende Grund für die Zunahme der Kriminalität auf der deutschen Seite des Rheins. Derartige Überlegungen entbehren natürlich einer sachlichen Grundlage, sie folgen vielmehr der üblichen Sündenbocktheorie. Die Zunahme der Kriminalität hat ganz andere Gründe. Die grenzüberschreitende Kriminalität ist mit den Grenzkontrollen, wie wir sie bis vor wenigen Jahren an den Binnengrenzen der Europäischen Union hatten, nicht mehr zu bekämpfen, sondern nur durch Kooperation.

Nahezu jedes Verbrechen hat eine grenzüberschreitende Dimension. Im Drogenhandel, so die Sachverständigen, werden weltweit Umsätze in einer Größenordnung von jährlich mehreren Hundert Milliarden Dollar erzielt. Das ist einerseits das Problem der Familien, deren Kinder von Drogenabhängigkeit betroffen sind, wenn man an die korrumpierenden Strukturen im Zusammenhang mit der Geldwäsche denkt. Andererseits verschließen wir gerne die Augen vor vielem, was nicht in den Entwicklungsländern stattfindet, sondern vermutlich dort, wo man solche Summen investiert.

Die erforderliche Zusammenarbeit der Polizeibehörden ist nicht ohne Souveränitätsverzicht möglich. Deshalb brauchen wir die europäische Einigung. Ich bin überzeugt, daß die klassische Trennung zwischen innerer und äußerer Sicherheit heute nicht mehr die Wirklichkeit erfaßt und daher auch ein unmittelbarer Zusammenhang zwischen gemeinsamer Außen- und Sicherheitspolitik und gemeinsamen Bemühungen zur Bewahrung von Freiheit, Rechtsstaatlichkeit und innerer Sicherheit gegeben ist. Fundamentalismus, staatsterroristische Bewegungen, organisierte Kriminalität – wo liegt die Grenze? War der Anschlag auf das World Trade Center im vergangenen Jahr ein Problem der äußeren oder der inneren Sicherheit? Der Friedensprozeß im Nahen Osten ist vor wenigen Wochen durch einige Selbstmordattentate in Israel substantiell in Gefahr geraten – ein Fall der inneren oder der äußeren Sicherheit? Jedenfalls sind es Stabilitätsgefahren und

Bedrohungsszenarien, die kein europäisches Land für sich allein auch nur mit vergleichbar guten Chancen beherrschen kann wie durch europäische Integration.

III.

In Hinblick auf die Globalisierung der wirtschaftlichen Entwicklung haben wir mit einem unumkehrbaren europäischen Binnenmarkt bessere Chancen, unser relativ hohes Niveau an Wohlstand und sozialer Sicherheit in der Zukunft zu bewahren. Vielleicht werden wir nicht alles genauso behalten können wie bisher, sondern müssen uns so »dramatische« Schritte wie die Veränderung der Ladenöffnungszeiten um anderthalb Stunden zumuten. Die Chancen, uns im internationalen Wettbewerb zu behaupten, sind jedenfalls mit einem gemeinsamen europäischen Binnenmarkt besser.

Solange wir die Währungsunion nicht haben, ist auch der europäische Binnenmarkt nicht unumkehrbar. Alle europäischen Konzeptionen der Schaffung eines europäischen Binnenmarkts seit dem Werner-Plan Anfang der 70er Jahre sahen als Schlußstein dieses Binnenmarktes eine Währungsunion vor. Das ist eine der entscheidenden Begründungen, warum die Währungsunion kommen muß. *Pacta sunt servanda*, deshalb muß es beim Maastricht-Vertrag bleiben - in allen Teilen, bei den Kriterien wie beim Zeitplan.

Die Chancen, die Konvergenzkriterien zu erreichen, bestehen. Sie werden nicht dadurch besser, daß man zweifelt oder jammert, es sei aber sehr anstrengend, diese Kriterien zu erreichen. Wir müssen sie aus ganz anderen Gründen ohnehin erfüllen. Mit dem Vertrag von Maastricht werden zum ersten Mal in einem völkerrechtlichen Vertrag für die Stabilität einer Währung Kriterien definiert, die weit außerhalb Europas große Beachtung finden. Sie sind vereinbart worden und haben inzwischen eine vertrauensbildende Wirkung erzielt. Die Kriterien relativieren hieße, diese vertrauensbildende Kraft zu zerstören. Deshalb ist die Vertragsauslegung keine Frage von Interpretationskunststücken.

Der Vertrag von Maastricht über die Währungsunion ist völkerrechtlich verbindlich geschlossen und ratifiziert, und wer sich von ihm verabschieden wollte, würde deutsche Verläßlichkeit und Vertragstreue in Zweifel ziehen. Einen größeren Fehler könnten wir Deutsche am Ende dieses Jahrhunderts mit Blick auf unsere langfristigen außenpolitischen Interessen nicht begehen. Deshalb muß es bei den Vereinbarungen zur Währungsunion bleiben und alle Zweifel, ob die Kriterien für die Teilnahme und den Beginn der Währungsunion im Jahre 1997 erreicht werden, sollten uns nicht davon abhalten, alles daran zu setzten, daß wir dieses Ziel erreichen. Wer heute, noch ehe diese gewiß beachtlichen Anstrengungen abgeschlossen sind, schon den Zeitplan verschieben will, der weckt den Verdacht, daß er über die Veränderungen der Zeitachse die Sache selbst gefährden wolle.

Scheitert die Währungsunion - und wer heute über Verschiebung nachdenkt, riskiert das Scheitern, wer allerdings die Kriterien aufweicht, riskiert nicht nur das Scheitern, sondern wird es mit Sicherheit herbeiführen - wird der erreichte Stand wirtschaftlicher Integration nicht gehalten werden können. Ein neuer Wettbewerb ist dann unvermeidbar. Die einen manipulieren

Zinsen, die anderen versuchen den Wechselkurs zu manipulieren, die Dritten greifen zu keynesianischen Rezepten, die bei globalisierten Märkten aber nicht mehr so funktionieren, wie es in den Lehrbüchern von Keynes steht. Schließlich wird man bei protektionistischen Maßnahmen landen, und zwar schneller, als man es sich vorstellt. Wir brauchen wirtschaftliche Integration, um besser in der globalisierten Welt bestehen zu können.

Der Zwang, die Währungsunion zu schaffen, wird die Innovationskräfte in Deutschland stärken. Denn Veränderungen in Deutschland auf den Gebieten der Wirtschafts-, Finanz- und Sozialpolitik, auch des Verhaltens der Tarifpartner, werden in vielfältiger Weise durch die Währungsunion stärker gefordert werden. Das ist gut so und ist auch eine Antwort auf die Frage, warum wir Europa brauchen.

IV.

Niemand sagt, wir brauchen Europa nicht, vielmehr heißt es oft: Wir sind ja nicht grundsätzlich dagegen, aber es muß doch nicht so schnell sein. Das alles bedeutet in Wahrheit jedoch, sich den Anstrengungen notwendiger Veränderungen zu entziehen. Wir brauchen die europäische Integration schließlich auch deshalb, um Innovationsbereitschaft und Veränderungsbereitschaft zu stärken, Besitzstandsdenken und Veränderungsscheu in Deutschland zu überwinden. Die politische Nachkriegsgeschichte der Bundesrepublik Deutschland gehört wirklich zu den Wundern; auch die Ereignisse von 1989/90 kann man nicht anders beschreiben.

Ohne europäische Integration und atlantische Gemeinschaft wäre diese Entwicklung nicht möglich gewesen, das haben wir Deutsche gut begriffen. Der Grundgedanke europäischer Integration ist in Deutschland quer durch die politischen Lager, von marginalisierten Randgruppen abgesehen, unumstritten, und das ist gut so. Aber wenn die Deutschen in dieser Lage nicht die Kraft zu den dazu notwendigen Anstrengungen haben sollten, werden sie ganz gewiß nicht die Kraft haben, die Anstrengungen auf sich zu nehmen, die zur Modernisierung auf dem Gebiet der Wirtschafts- und Finanzpolitik und auch in vielen anderen Politikbereichen erforderlich sind, um die Chancen und Herausforderungen der Zukunft zu bewältigen. Deswegen brauchen wir Europa auch, um die Innovationskräfte in Deutschland zu stärken.

Meine letzte Bemerkung knüpft wieder an Lee Kuan Yew an: Wir brauchen die europäische Einigung in doppelter Hinsicht. Wir müssen uns und unseren Mitbürgern stärker Rechenschaft darüber geben, daß wir auch einen Anteil globaler Verantwortung tragen. Was heute in irgendeinem Teil der Erde geschieht, betrifft uns wegen der Mobilität von Menschen und Informationen stärker als in früheren Zeiten - auch ökologisch.

Nun sagen manche: Na gut, sollen die doch erst mal ihre unsicheren Kernkraftwerke oder ihre viel emissionsträchtigeren Kohlekraftwerke sanieren, dann können auch wir etwas tun. Dabei wird jedoch nicht nur vergessen, daß wir einen höheren Anteil an Ressourcen verbrauchen, sondern auch die Beschleunigung der Entwicklung übersehen - denken Sie an Habitat II -, die dazu führt, daß wir in einigen Jahren in der Dritten Welt

30 Metropolen mit über zehn Millionen Einwohnern haben werden, mit unglaublichen sozialen, ökologischen und sonstigen Problemen. Diese Entwicklung ist von der abendländischen Zivilisation stärker ausgelöst worden als von den asiatischen Werten, die jetzt auch in Singapur nicht mehr zu halten sind. Deshalb haben wir eine Verantwortung und ein eigenes Interesse, daß die Welt auf diese Probleme eine Antwort findet, und dazu müssen wir unseren Beitrag leisten. Diesen Beitrag kann ein einiges Europa auf verantwortlichere und wirksamere Weise leisten als jedes europäische Land für sich. Wir werden durch ein einiges, handlungsfähiges Europa auch einen stärkeren Einfluß auf unsere amerikanischen Partner und Freunde ausüben und isolationistische Versuchungen mindern können. Schließlich haben wir eine bessere Chance, unsere Vorstellungen, nach welchen Werten und Ordnungsvorstellungen Menschen auch im nächsten Jahrhundert leben sollen, in dieser Welt durchzusetzen und dafür zu werben.

Auch dafür ist ein einiges Europa besser geeignet. Wenn wir die Alltagsbefndlichkeit hinter uns lassen und den Blick zum Horizont richten, besteht Deutschlands Chance am Ende dieses und am Beginn des nächsten Jahrhunderts darin, an dic Erfolge der zurückliegenden 50 Jahre anzuknüpfen und ein sich einigendes Europa für die Zukunft wirkungsfähig zu erhalten. Deshalb ist Europa der beste Weg in die Zukunft.

Diskussion

Graf von Magnis: Herr Schäuble, alles, was Sie gesagt haben, war einleuchtend und zwingend. Aber das, was uns an Europa stört, sind ja sehr oft praktische Dinge. Brauchen wir diese teure und eben doch sehr schwierige Agrarpolitik? Brauchen wir die europäische Sozialpolitik mit ihren Eingriffen? Brauchen wir diese Unmenge von Förderprogrammen? Herr Riedel hat uns heute morgen mit der Forderung nach einer europäischen Kulturpolitik erschreckt. Kann man Europa nicht schlanker machen? Ihre Ausführungen seien unbestritten; aber in der Praxis denkt man häufig, man bräuchte all das besser nicht.

Schäuble: In der Grundtendenz teile ich Ihre Kritik. Nicht alles, was wir heute in Europa haben, ist unentbehrlich. Aber Klagen über Europa bringen uns nicht voran. Was machen wir denn in Deutschland? Wir reden vom schlanken Staat, haben ihn aber noch nicht, und jede Veränderung ist schwierig. Natürlich braucht man einen Teil der Agrarpolitik. Ich verteidige die europäische Agrar- oder Sozialpolitik nicht in ihren Einzelheiten, will aber die Frage beantworten: Wie kommt man zu einer besseren, vernünftigeren Verteilung der Mittel?

Ich plädiere nicht für eine Kulturpolitik der europäischen Institutionen, fordere jedoch, daß unsere Bundesländer, die für die Kulturpolitik zuständig sind und es bleiben sollen, sich ihrer europäischen Verantwortung bewußt werden. Was wir heute an Sprachunterricht versäumen, ist ein Skandal und Ausdruck einer Arroganz der großen Länder. Die Menschen in den kleinen Ländern sprechen alle zwei Fremdsprachen. Wäre es überall so, entstünde eine stärkere Vielfalt. Auch müßten wir jungen Menschen im Geschichtsunterricht schon längst europäische Geschichte vermitteln, woraus über Generationen auch eine europäische Identität und allmählich auch ein besseres Verständnis wachsen würde.

Was kann man tun? Ich glaube, wir brauchen eine verfassungsähnliche Regelung in Europa. Was nämlich fehlt in einfacher, klarer und hinreichend verbindlicher Form, ist die Antwort auf die Frage: Wer entscheidet was? Solange wir die Antwort nicht kennen, wird man in allen europäischen Konferenzen, Räten, Parlamenten und sonstwo noch hundertmal vom Subsidiaritätsprinzip reden, es wird jedoch nicht funktionieren. Der Europäische Gerichtshof wird jeden Streit über die Frage, wer wofür zuständig ist, im Zweifel zugunsten der europäischen Ebene entscheiden mit der Begründung, solange keine hinreichend klare Regelung vorhanden ist, muß jemand das, was an europäischer Zuständigkeit noch fehlt, ausfüllen. Das Subsidiaritätsprinzip, das im Maastricht-Vertrag verankert ist, müßte daher so bald wie möglich in eine Verfassung aufgenommen oder jedenfalls durch institutionelle Reformen geregelt werden.

Das Subsidiaritätsprinzip ist das, was wir in Deutschland unter Föderalismus verstehen. Die Kommunen und die Länder haben möglichst viel eigene Entscheidungskompetenz, und der Bund regelt das, was besser bundeseinheitlich zu regeln ist. Die Durchsetzung dieses Prinzips in Europa ist nicht Sache der Brüsseler Bürokratie, sondern der Einigung zwischen den Mitgliedstaaten und ihren Vertretungen, also Regierungen und Parlamenten.

Riedel: Herr Schäuble, Sie haben im ersten Teil Ihres Vortrags in unmißverständlicher Klarheit für den Beitritt mittel- und osteuropäischer Staaten zur Europäischen Union plädiert, haben dabei aber den Blick nicht weiter nach Osten, also nach Rußland, gerichtet. Wir alle sind Zeugen der Geschehnisse in Rußland, die uns beunruhigen und die gestalterische Kraft der deutschen Politik aufs äußerste herausfordern. Dazu hätte ich gerne etwas gehört.

Sie haben sodann von der globalen Verantwortung Deutschlands gesprochen, die durch die europäische Einigung zu gewährleisten sei. Zugleich heben Sie hervor, daß das abendländische Europa, seine Wissenschaft, Technik, kurzum seine Rationalität Krankheitssymptome in den Ländern der Dritten Welt verursacht habe. Sie verweisen auf die Metropolen in der Dritten Welt und vertreten die These, daß es in unsere globale Verantwortung falle, hier das in der abendländischen Tradition Erworbene, das Humanitäre auch in die Verantwortung der Politik aufzunehmen. Also, erst macht Europa gleichsam die Dritte Welt krank, und dann soll es den Krankenwärter für die von ihm selbst verursachten Krankheitsprozesse spielen. Ich frage mich, ob das im Bereich unserer Möglichkeiten liegt, selbst wenn sie durch die Europäische Union wahrgenommen werden.

Schäuble: Natürlich müssen wir die Entwicklung in Rußland und die Frage, welchen Einfluß wir durch Tun oder Unterlassen darauf nehmen können, sorgfältig bedenken. Wir haben jedes Interesse an einer gedeihlichen Entwicklung in Rußland. Man sollte sich aber nicht nur bemühen, Einfluß auf eine Richtung zu nehmen, die man für wünschenswert hält, sondern muß auch Vorkehrungen treffen für den Fall, daß die Entwicklung anders verläuft, als man es sich wünscht. Man muß auf alle denkbaren Optionen vorbereitet sein. Auch in dieser Hinsicht scheinen mir die europäische Integration und die Bewahrung atlantischer Partnerschaft notwendig und richtig, inbegriffen der Beitritt mittelost- und südosteuropäischer Staaten zur NATO und zur Westeuropäischen Union. Präsident Clinton hat vor einigen Jahren anläßlich seiner Reise durch osteuropäische Hauptstädte die einfache Formulierung gewählt: Der NATO-Beitritt von Tschechien und anderen hat Zeit, solange die Entwicklung in Rußland friedlich verläuft; sollte sie weniger friedlich verlaufen, hat er weniger Zeit.

Je schlechter die Entwicklung, desto stärker die Notwendigkeit europäischer Integration und atlantischer Partnerschaft. Wir können keine Instabilität in unserer Nachbarschaft brauchen!

Manche Beschleunigung, die wir global zu beobachten glauben, liegt in der Geschichte des Abendlandes begründet und jedenfalls in der von der westlichen Welt geschaffenen Zivilisation, zu der auch der Kolonialismus gehört. Wenn wir Verantwortung scheuen, dann lassen wir doch nackten Egoismus, nacktes Eigeninteresse sprechen! Denken wir an die Klimakatastrophe, und begreifen wir, daß das, was in anderen Teilen dieser

Welt geschieht, uns unmittelbar betrifft. Stellen wir uns vor, die Chinesen kämen auf die Idee, pro Kopf der Bevölkerung auch nur ein Drittel unseres Wohlstandes zu genießen und ein Drittel der Ressourcen zu verbrauchen, die wir in Deutschland als unerläßlich ansehen. Die Auswirkungen wären global und würden auch uns treffen.

Ich habe von der Unteilbarkeit äußerer und innerer Sicherheit gesprochen. Wir sind Teil der globalen Entwicklungen und wollen helfen, ihre Auswirkungen für das nächste Jahrhundert zu beherrschen. Ich bin skeptisch, ob es selbstverständlich ist, daß ein immer kleiner werdender Teil der Menschheit das bisherige relative Übermaß an Wohlstand genießt. Die Bevölkerung der nördlichen Hemisphäre, der Mitgliedstaaten der Europäischen Union einschließlich der Beitrittskandidaten und Nordamerikas nimmt immer stärker ab. Wir Deutschen nennen seit Hitler keine Bevölkerungsentwicklungen mehr, aber Franzosen nennen diese Zahlen. Betrachtet man das Durchschnittsalter der Bevölkerung, stellt man fest, daß in Deutschland demnächst 40 Prozent 60 Jahre und älter, in Algerien hingegen zwei Drittel der Bevölkerung jünger als 30 Jahre sind. Angesichts einer solchen Entwicklung werden wir unsere soziale Sicherheit nicht wie selbstverständlich bewahren können.

Ich weiß, daß die Menschen hinsichtlich einer Integration Polens einwenden, daß sie doch schon so viel für die neuen Länder zahlen müssen. Oder, die Wiedervereinigung war ja recht, aber auch noch mit dem Bundestag nach Berlin ziehen? Das ist doch nun wirklich zuviel verlangt! Ich werde an zwei meiner Landsleute erinnert, die in der Gletscherspalte lagen, und als die

Schweizer Bergwacht kam und sich meldete, zurückriefen: »Mir gebe nix!« Wissen Sie, was aus den beiden in der Gletscherspalte geworden ist? Sie liegen heute noch da.

von Voss: Sie haben zu Eingang Ihrer Überlegungen Lee Kuan Yew genannt, hinter dessen Klagen eine sehr autoritäre Vorstellung von dem Verhältnis zwischen Bürger und Staat steht. Insoweit ist er eine sehr schillernde Referenz. Man muß eben wissen, daß er sich mit westlichen Vorstellungen schwertut.

Es ist richtig, daß wir vor umfassenden Veränderungen stehen. Wir nähern uns mit schnellen Schritten dem Ende der korporativen Ordnung. Anders ausgedrückt: Wir sind am Ende der Zünftegesellschaft, die unsere politische Wirklichkeit noch maßgeblich bestimmt, angelangt, auch auf europäischer Ebene. Wenn wir die Revision der Besitzstände umfassend in Gang setzen und auch eine neue gesellschaftspolitische Rehabilitation des Sparens und damit der Korrektur der Besitzstände anstreben müssen, um das gemeine Wohl zu stärken, müssen wir auch einen neuen sozialen Kontrakt definieren. Welche Vorstellungen haben wir?

Dies ist eine völlig ungeklärte Frage, wie nicht nur Tarifparteien und Wirtschaftsverbände täglich demonstrieren. Können Sie den sozialen Kontrakt, der Ihnen vorschwebt, oder das künftige Verhältnis zwischen Staat und Bürger beschreiben? Wir werden im Verlauf der Rentendiskussion schon bald eine Antwort finden müssen.

Schäuble: Dieses Mißverständnis darf ich nicht stehenlassen. Ich habe die Rede des früheren singapurischen

Ministerpräsidenten nicht etwa deshalb zitiert, weil ich seiner Meinung wäre. Im Gegenteil, ich habe seine Meinung nie geteilt. Ich halte, bei allem Respekt, die asiatischen Vorstellungen nicht für beispielhaft, jedenfalls nicht für uns. Meine Grundüberzeugung geht vielmehr von der Individualität und damit von der Menschenwürde und Unverwechselbarkeit des einzelnen und von den Menschenrechten aus. Daher habe ich auch unerschütterlich an der Entschließung des Deutschen Bundestages zu Tibet festgehalten. Diese Debatte ist äußerst wichtig.

Ich habe die Rede erwähnt, weil es mich wirklich fasziniert hat, daß dieser Mann, von dem Helmut Schmidt des öfteren gesagt und geschrieben hat, wie fasziniert er von ihm sei, jetzt selber gesteht, daß der westliche Einfluß selbst in Singapur nicht mehr aufzuhalten sei. Das ist für mich der Beweis, daß der Glaube, man könne sich in Deutschland gegenüber globalen Entwicklungen abschotten, unhaltbar ist.

Ich bin auch nicht der Meinung, es sei ein Fehler gewesen, die Frauen auszubilden. Daß das gewisse Veränderungen mit sich bringt, hat man inzwischen auch in Singapur verstanden. Ich halte diese Veränderungen für gut, aber sie werfen neue Fragen auf. Es hat mich wirklich fasziniert, daß der Vater des singapurischen Modells, der lange mit Verachtung über unsere westliche, dekadente Gesellschaft geredet hat, nun plötzlich feststellt, daß angesichts der modernen Medien eine Abschottung nicht mehr funktioniert. Es ist eine Erfahrung, die auch Honecker und die Seinen gemacht haben. Selbst die Chinesen werden es noch erkennen; sie haben nicht einmal vom Platz des Himmlischen Friedens die Kameras fernhalten können.

Diese Vorstellungen widersprächen auch meiner Forderung, unsere Tradition zu wahren. Ich habe große Bewunderung für die Errungenschaften der abendländischen Kultur und Zivilisation und glaube daran, daß sie zukunftsträchtig sind. Ich finde, dafür sollten wir selbstbewußt - und wenn nicht selbstbewußt, dann wenigstens dem Erbe verpflichtet, also verantwortungsbewußt - eintreten. Das ist ein Gebot der europäischen Einigung.

Fröhlich: Herr Schäuble, gibt es für Sie einen Unterschied zwischen Kalenderzeit und politischer Zeit? »Deutschland braucht Europa« haben Sie eben gesagt und hinzugefügt »Europa braucht die Währungsunion«. Wir alle wissen, daß die Währungsunion mit großen Unwägbarkeiten behaftet ist. Wir wissen, die Kriterien können in dieser reinen, in dieser strikten Form bis 1998 eigentlich nicht erfüllt werden. Das heißt, man sucht nach Auswegen, wie man vertragstreu bleiben, aber doch zum Ziel kommen kann.

Wir haben bereits gehört, daß man das Kriterium der Staatsverschuldung in ein strukturelles und ein zyklisches Defizit unterteilen könne, und es wurde eine andere Möglichkeit vorgeschlagen oder zumindest angesprochen, nämlich eine neue oder weitere Zeitebene zu betreten. Herr Professor Kirchhof hat von der EG-Zeit gesprochen. Wenn ich seine Ausführungen richtig verstanden habe, würde die Essenz des Maastrichter Vertrages nicht beeinträchtigt, wenn 1999 das politische Europa kalendarisch umschalten und in eine gewisse Pause eintreten würde. Die EG-Uhr würde einfach ein bißchen später einsetzen. Gibt es für Sie die Unterscheidung zwischen Kalenderzeit und EG-Zeit?

Grammatikos: Ich habe eine Frage zu den europäischen Vor- und Nachteilen für die Entwicklungspolitik. Welchen Einfluß wird das Europa der Währungsunion auf die Entwicklungsländer haben? Wird durch ein wirtschaftlich stärkeres Europa eine stärkere Wanderung aus den Entwicklungsländern nach Europa stattfinden? Soll man dem entgegenwirken, und wenn ja, wie?

Seidel: Eine Frage zur Rolle Deutschlands gegenüber Osteuropa. Herr Schäuble, die Länder Mittel- und Osteuropas, die baltischen Staaten und Slowenien betrachten Deutschland als ihren geborenen Anwalt, auch was die Mitgliedschaft in der EU betrifft. In Estland wird beispielsweise auf die historische Verantwortung hingewiesen. Nun stellt sich die Frage, wie Deutschland als Mitgliedstaat der Gemeinschaft diese Aufgabe bewältigen soll. Soll es sich lediglich als eine Postleitstelle betrachten, die die Wünsche weiterleitet, oder soll Deutschland seinerseits eine Konzeption für die Eingliederung der Länder entwickeln? Wie habe ich mir diesbezüglich die Funktion der deutschen Europapolitik vorzustellen?

Schäuble: Herr Fröhlich, zu Ihrer Frage nach dem Zeitplan: Ich finde nach wie vor, wir können 1997 die Kriterien des Maastrichter Vertrages erfüllen. 1998 wird geprüft und entschieden, ob sie erfüllt sind. Jean Arthuis versicherte mir kürzlich, Frankreich würde bis dahin die Kriterien erfüllen können. Warum soll ich klüger sein als der französische Finanz- und Wirtschaftsminister? Wir in Deutschland können bis 1997 die Kriterien erfüllen. Auch wenn wir uns das Ziel der Währungsunion nicht gesetzt hätten, täten wir gut daran, die entsprechenden Voraussetzungen zu schaffen. Wenn wir das Programm für Wachstum und Beschäftigung richtig umsetzen, prognostizieren die meisten Institute, daß wir die Neuverschuldung im nächsten Jahr unter drei Prozent halten. Was passiert, wenn wir dieses Ziel nicht erreichen, wird man 1998 sehen.

Viel hängt davon ab, wie sich die konjunkturelle Entwicklung vollzieht. Je glaubwürdiger die Anstrengungen sind, die Kriterien zu erfüllen, was viel mit Psychologie zu tun hat, um so größer ist die Wahrscheinlichkeit, daß wir sie erfüllen. In der Wirtschaftspolitik ist dieser Effekt der self-fulfilling prophecy relativ stark ausgeprägt. Das weiß man seit Ludwig Erhard. Ich habe keinen Zweifel an dem Willen der Bundesrepublik Deutschland und an ihrer Fähigkeit, das Ziel zu erreichen. Wir tun alles, was in unseren Möglichkeiten steht, damit die Währungsunion gelingt.

Was nun die Frage nach der Dritten Welt angeht: Ich habe in meiner Begründung, warum Deutschland Europa braucht, trotz aller Verkürzung die Wahrnehmung globaler Verantwortung bewußt mit der europäischen Idee zu verbinden gesucht. Ich bin davon überzeugt, daß wir globale Verantwortung nicht nur aus Altruismus, sondern auch aus egoistischen Gründen übernehmen müssen, im Interesse unserer eigenen Zukunft. Daher auch der Hinweis auf die Baden-Württemberger in der Gletscherspalte: Wer glaubt, er besitze das, was er hat, nur für sich selbst, hat die Zukunft schon verspielt. Das ist eine der Gefahren, die der Wohlstand, politisch, sozial und wirtschaftlich mit sich bringt. Wir sind nicht nur wenig innovationsfähig, sondern auch wenig zur Solidarität bereit. Wir können ungeheuer ergreifend über wachsendes soziales Elend jammern, aber was ist, wenn es darum geht, Konsequenzen zu ziehen?

Wenn die Bundesrepublik Deutschland im Herbst 1989 oder im Jahre 1990 der Versuchung nachgegeben und gesagt hätte, der Fall der Mauer ist ja sehr schön, aber die Wiedervereinigung wollen wir nicht, das wird uns zuviel, auch zu teuer, wissen Sie, wer in der Konsequenz verloren hätte? Nicht die Menschen in der DDR, sondern wir. Die Legitimität unserer Freiheitsordnung wäre von innen heraus erodiert. So würde auch ein Westeuropa, das die Überwindung der Folgen der Teilung nicht zu seiner eigenen Aufgabe machte, seine Legitimität verlieren. Und auch ein Europa oder eine nördliche Hemisphäre, die sich nicht für die Dritte Welt verantwortlich fühlten, würden verspielen und in der Gletscherspalte liegen bleiben.

Mein Verständnis von europäischer Einigung ist daher, sie auch als einen Beitrag der Öffnung zu verstehen. Helmut Kohl sagt: Europa darf keine Festung sein. Natürlich sind die Versuchungen groß, sich abschotten, Altbewährtes beibehalten und bewahren zu wollen. Man muß ihnen widerstehen, das ist das Entscheidende.

Deutschland kann nicht nur Postleitstelle sein, sondern muß gestalten wollen. Man denke an die Diskussion über Erweiterung und Vertiefung und all die Planspiele. Die Beitrittsverhandlungen werden nicht für alle gleichzeitig zum Ziel führen können, doch wird man darüber reden müssen, welche Wirkung es hätte, wenn wir die Aufnahme der Verhandlungen zu sehr differenzierten. Ich selbst habe immer die Auffassung vertreten, den Prozeß hin zur vollen Integration möglichst bald unumkehrbar zu machen. Diese Länder brauchen die stabilisierende Wirkung eines unumkehrbaren Prozesses. In einem Land, in dem man den Zuzug von 200 000 Aussiedlern jährlich zu einem innenpolitischen Problem machen kann, muß man daran erinnern, daß die Bundesrepublik nicht trotz, sondern wegen 15 Millionen Vertriebener und Flüchtlinge Stabilität gewahrt hat. Ohne die Perspektive der unumkehrbaren Zugehörigkeit zu Europa und zum Westen hätte es die Integration nicht gegeben. Diese Erfahrung müssen wir in die europäische Diskussion einbringen.

Holtfrerich: Ich möchte auf die Frage nach dem strukturellen und dem konjunkturellen Defizit zurückkommen. Tatsächlich hat man der Geldpolitik der Bundesbank, die de facto bereits eine europäische Zentralbank ist, die Chance gegeben, durch eine zu restriktive Geldpolitik konjunkturelle Defizite zu erzeugen. Trotz der heroischen Anstrengungen in der Fiskalpolitik wird das Defizitkriterium verfehlt werden. Halten Sie es im nachhinein nicht für einen Fehler, daß man das Defizitkriterium zu einem strukturellen gemacht hat?

Kirchhof: Ihre Ausgangsüberlegung besagt, daß ein Staat seine Funktion, innere und äußere Sicherheit zu gewähren und damit ein Elementarbedürfnis des Menschen und der Bürger zu befriedigen, jedenfalls wenn er in Mitteleuropa lebt, nur im Kontext der europäischen Nachbarn befriedigen kann. Das bedeutet aber nichts anderes, als daß der Staat, der sich herkömmlich aus dieser Gewähr von Sicherheit für Leib und Leben, Eigentum, Ehre, Bürgerstatus rechtfertigt, heute nur als europaoffener Staat existieren kann. Andererseits gehört aber zu demselben Sicherheitsbedürfnis der Menschen eine Grundbefindlichkeit der Zugehörigkeit zu ihrem Staat, zu ihrem Bundesland, selbst zu ihrer Gemeinde. Das sind keine Gegensätze, sondern eher zwei Seiten der gleichen Medaille. Wie können wir das in den konkreten Institutionen miteinander vereinbaren? Verstehen Sie unter Gewähr der Sicherheit gegen Kriminalität auf europäischer Ebene einen einheitlichen europäischen Rechtsmaßstab oder einen koordinierten mit Amtshilfe innerhalb der Staaten? Oder denken Sie an eine Regierungsgewalt der Kommission für diese Zuständigkeit oder an europäische Behörden, die durchgreifen, also den europäischen Polizeibeamten, der in Deutschland tätig ist?

Ich frage auch deshalb, weil Sie zu Recht die Unteilbarkeit von innerer und äußerer Sicherheit betont haben. Wir haben uns inzwischen daran gewöhnt, daß wir militärische Einheiten mit Soldaten aus europäischen Staaten und wechselndem Kommandeur haben. Ich zögere, unserem Staatsvolk Gleiches im Polizeiwesen vor Ort, in den Städten, zuzumuten. Deswegen meine Frage: Welche Überlegungen werden im Hinblick auf die einzelnen Aufgaben und Verantwortlichkeiten in Europa angestellt?

Böckenförde: Sie haben verschiedene Gründe angeführt, warum Deutschland Europa braucht, die ich alle unterschreibe. Ich möchte einen hinzufügen, der mir auch wichtig erscheint. Die politische Einbindung Deutschlands in Europa ist auch deshalb notwendig, damit wir unsere reiche kulturelle, historische und politische Tradition nicht wieder durch Großmachtambitionen aufs Spiel setzen. Dies war auch für Adenauer ein wesentliches Motiv für die europäische Integration. Für Deutschland in seiner geopolitischen Mittellage könnte es eine Versuchung sein, nicht nur Brücken zu bauen, sondern auch auf Machtpolitik umzuschwenken.

Ich frage, ob nicht anläßlich der Ausweitung der Europäischen Union auf die mittelosteuropäischen Staaten, die mir unbedingt notwendig erscheint, darangegangen werden muß, das Vehikel, das die europäische Einigung vorangetrieben hat, zu erneuern. Bisher war die treibende Kraft immer die wirtschaftliche Integration. Es wurde ein gemeinsamer Markt geschaffen, ein unitarischer Wirtschaftsraum mit Deregulierung und dem Abbau von Grenzen; dieser Markt stellt sich nach außen hin durchaus auch als Wirtschaftsimperium dar. Wenn sich die Einigung aber nur in einem einheitlichen, unitarisch strukturierten Markt vollzieht, wie soll da beispielsweise die Integration Polens gelingen, das noch ein Agrarstaat ist und mindestens noch ein Jahrzehnt, wenn nicht länger, braucht, um ein Industriestaat zu werden?

Wir wissen, Beitrittsverhandlungen sind sehr hart. Diejenigen, die jetzt Subventionen und Hilfen bekommen, wollen sie behalten. Die neuen Subventionen den alten anzugleichen wird so kostenintensiv sein, daß das, was politisch dringlich ist, auf eine lange Bank geschoben wird. Kurzum, ist es nicht jetzt an der Zeit, eine gemeinsame Außen- und Sicherheitspolitik zu formulieren, nachdem die wirtschaftliche Integration als Basis bereits geschaffen ist? Die Europäische Union sähe damit ihren Schwerpunkt zunehmend in einer gemeinsamen Außen- und Sicherheitspolitik, wobei ich die Kohärenz zwischen äußerer und innerer Sicherheit durchaus akzeptieren würde. Europa muß für die Europäer glaubwürdig werden. Wir wissen alle, die täglichen Bilder aus Ex-Jugoslawien haben ein Gefühl der Ohnmacht und der Enttäuschung gebracht: Was ist dieses Europa, das nicht einmal in der Lage ist, Völkermord zu verhindern? Erst als sich die Amerikaner wieder aktiv beteiligten, konnte überhaupt der Status erreicht werden, den wir im Augenblick haben und der noch gefährdet genug ist. Wenn Europa emotional etwas bedeuten soll, muß es mehr sein als nur eine wirtschaftliche Einheit.

Schäuble: Ich will bei dem strukturellen und dem konjunkturellen Defizit ansetzen und der Frage nachgehen, ob die Bundesrepublik die Konjunktur abgewürgt habe. Seit dem Maastricht-Vertrag haben wir europaweit begriffen, daß Inflation eine Droge ist. Das fundamentale Problem des Wirtschaftsstandortes Deutschland ist die abnehmende Wettbewerbsfähigkeit. Wer glaubt, der könne man durch die Zuführung der Droge abhelfen, geht in die Irre.

Ich bin ein überzeugter Anhänger der Unverfügbarkeit der Notenbank durch die Politik. Der Beweis, daß Frankreich sich zum Grundgedanken des Maastricht-Vertrages bekennt, ist die neue Unabhängigkeit der französischen Notenbank. Ich halte die Meinung, die auch in Frankreich geäußert wird, daß der Versuch, die Maastrichtkriterien stur zu erfüllen, die Konjunktur abwürge und womöglich noch an der Arbeitslosigkeit schuld sei, für falsch. Ich bin vom Gegenteil überzeugt. Es ist notwendig, daß man sich den unbequemen Anstrengungen, die Wettbewerbsfähigkeit zu verbessern, Schritt für Schritt unterzieht.

Herr Kirchhof, Sie sagen, wir müssen beides in Europa schaffen: Offenheit und Zugehörigkeit. Ich plädiere auch für beides. Die Chance, beides zu verbinden, liegt im Föderalismus begründet. Europapolitisch muß man immer von Subsidiarität sprechen. Allerdings hat der Föderalismus zwei Seiten. Heute stehen wir nicht vor dem Problem, daß der Bund die Prinzipien des Föderalismus verletzt, sondern daß das Verhalten der Länder in ihrer Gesamtheit uns eine tiefgreifende Krise des Föderalismus in Deutschland beschert.

Wie erreichen wir die innere Sicherheit? Die Länderpolizeien gehen dazu über, zum Beispiel auch türkische Polizeivollzugsbeamte einzustellen, was ich aus vielen Gründen für richtig und notwendig halte. Und was die institutionelle Zusammenarbeit betrifft, so brauchen wir keine Einheitspolizei. Wir schaffen es in Deutschland trotz der Krise des Föderalismus, daß die Sicherheitsbehörden von Bund und Ländern gut zusammenarbeiten. Dieses Modell funktioniert und kann auch im europäischen Bereich funktionieren.

Mindestens genauso wichtig ist der Informationsaustausch. Gerade in diesem Bereich liegen die großen Schwachstellen in Europa. Nicht unsere rechtlichen Regelungen, sondern unsere Hypertrophie in der Anwendung, in der Praxis des Vollzugs, stehen uns im Wege. Manches könnte am deutschen Perfektionismus kaputtgehen. Wir brauchen hinreichendes Vertrauen, damit wir die notwendigen Informationen austauschen. Wenn innere Sicherheit einen grenzüberschreitenden Aspekt hat, dann ist der Informationsaustausch essentiell und wird nur durch institutionalisierte Zusammenarbeit der Polizei möglich.

Ein einheitliches Strafrecht brauchen wir nicht. Das überlassen wir, gemäß dem Subsidiaritätsprinzip, den regionalen oder nationalstaatlichen Regelungen. Ob der Diebstahl in Deutschland mit Gefängnis bis zu fünf

Jahren oder in Frankreich mit Gefängnis bis zu sieben Jahren geahndet wird und ob der Strafvollzug einheitlich ist, ist nicht entscheidend. Die Kapitalverbrechen werden in der abendländischen Rechtskultur einheitlich bewertet. Insofern ist die Strafrechtsharmonisierung nicht wesentlich, wohl aber die institutionalisierte Zusammenarbeit der Polizeien.

Herr Böckenförde, Deutschland hat ein existentielles Interesse an Stabilität nicht nur wegen seiner geographischen Lage, sondern auch wegen der Brüche in seiner Geschichte. Dieses Element des Selbstschutzes bewerte ich jedoch nicht mehr so stark wie zu Adenauers Zeiten. Ich vertraue darauf, daß die Deutschen in diesen 50 Jahren einen gewissen Reifeprozeß durchgemacht haben, was Demokratie und Mäßigung angeht. Was aber Ihren Punkt betrifft, daß die wirtschaftliche Integration nicht mehr das einzige Vehikel sein könne, da stimme ich Ihnen durchaus zu. Ich habe 1992 in einer Bundestagsdebatte gesagt: Wie soll ich den Deutschen die Notwendigkeit erklären, auf die D-Mark zugunsten einer europäischen Währung zu verzichten, wenn dieses Europa nicht fähig ist, den Krieg in Europa zu verhindern? Die Unfähigkeit der Europäer, die militärische Eskalation im ehemaligen Jugoslawien zu verhindern, ist der größte Rückschlag für die Akzeptanz des europäischen Einigungsgedankens in den 90er Jahren. Das zeigt, wie sehr wir unsere amerikanischen Freunde und Partner immer noch brauchen. Volker Rühe hat 1992 gesagt, bis wir uns an solchen militärischen Maßnahmen zur Friedenssicherung und Friedenserhaltung beteiligen können, brauchen wir mindestens zehn Jahre. Er hat vermutlich recht, aber wird uns die Geschichte soviel Zeit lassen?

Gemeinsame Außen- und Sicherheitspolitik ist wichtig. Sie muß mit der NATO kompatibel sein. Es dürfen keine doppelten Strukturen entstehen. In den Beitrittsverhandlungen wird sich diese Frage konkretisieren. Die Polen wären, wenn es nach mir ginge, Mitglied der Europäischen Union, politisch. Ich finde es völlig widersinnig, daß die Polen am Frankfurter Flughafen vor dem Schalter für Nichtmitglieder der EU warten. Das zeigt ihnen, daß sie nicht zu Europa gehören. Ich plädiere für eine Aufnahme. Die wirtschaftliche Integration braucht jedoch ein Jahrzehnt oder anderthalb, bis sie hergestellt ist. Die Politik muß die Triebkraft der europäischen Einigung werden.

Kerber: Eben wurden drei Bereiche angesprochen, die in besonderem Maße sensibel sind - die Währungspolitik, die Außen- und die Sicherheitspolitik. Gerade in diesen Bereichen aber ist der Partikularismus der europäischen Staaten sehr groß. In der Verteidigungspolitik kennen wir die fehlgeschlagenen Bestrebungen während des Kriegs auf dem Balkan. Im Bereich der Währungsunion werden wir die Schwierigkeiten in der Praxis der Zentralbank noch bemerken. Glauben Sie, daß sich in der Außen- und Sicherheitspolitik und in der Währungspolitik das Verhältnis Deutschlands zu Frankreich nicht ändern muß? Sie gehören doch zu den Politikern, die die Zeitenwende 1989 in ihrem ganzen Ausmaß erkannt haben. Bevor sich etwas ändert, muß sich erst einmal ein Kondominium zwischen Deutschland und Frankreich herausbilden. Wenn Frankreich gegen etwas war, hat sich Deutschland der Stimme enthalten oder geschwiegen. Wenn sich Deutschland auf den Gebieten, die Herr Böckenförde als entwicklungsbedürftig dargestellt hat, ebenso selbstherrlich verhielte wie Frankreich, käme es wahrscheinlich nicht einmal in Ansätzen zu einer gemeinsamen Außenpolitik.

Das deutsch-französische Verhältnis muß neu gewichtet werden. Ich frage Sie, ob die deutsche Politik zu einer solchen Kursänderung bereit ist, oder glauben Sie, daß dieses Verhältnis in der Erstarrung bleiben muß, in der es ist? Kleinere Staaten sind von einer gemeinsamen Außenpolitik sehr viel eher zu überzeugen als Frankreich und Großbritannien, und sie wissen, daß Europa einen Sitz im Sicherheitsrat der UNO braucht. Briten und Franzosen erkennen diese Notwendigkeit keineswegs.

Schäuble: Die französische Position wird Herr Séguin noch darlegen. Das Erfreulichste der letzten Monate ist, daß Frankreich sich klar und eindeutig auf den Weg zurück in die NATO gemacht hat. Es zeigt, daß wir vorankommen. Auf dem Gebiet der Währungspolitik haben wir erst recht Fortschritte erzielt. Frankreich hat seiner Notenbank in Vorbereitung auf die Währungsunion einen der Bundesbank vergleichbaren Statuts eingeräumt.

Ich weiß um all die Schwierigkeiten. Ich sage Ihnen aber, ich freue mich über jeden Fortschritt. Wir werden viele Rückschläge erleben. Man soll auch die Erwartungen an die Regierungskonferenzen nicht überfrachten. Immerhin, es bewegt sich etwas!

Louis Gallois und
Manfred Bischoff

Manfred Bischoff

Mit Europa in den Weltraum

Aus der Praxis einer Zusammenarbeit

Das Jahreskolloquium der Alfred Herrhausen Gesellschaft gestattet Herrn Gallois und mir eine Premiere, die für uns eine weitere Form der Zusammenarbeit bedeutet. Zusammenarbeit auf den verschiedensten Feldern ist für Herrn Gallois und mich schon Alltag geworden, und dies gilt auch für die beiden Unternehmen und unsere Mitarbeiter. Den Beleg liefern unsere Umsatzzahlen: Wir erzielen heute mehr als zwei Drittel unseres Umsatzes in europäischen Joint Ventures. Wir wollen erstmals den Versuch wagen, Entwicklung, Stand und Perspektiven der europäischen Zusammenarbeit in der Luft- und Raumfahrt in einer gemeinsamen Präsentation vorzustellen.

Zuerst wollen wir im Wechsel die historische Entwicklung und den aktuellen Status der europäischen Zusammenarbeit in der Luft- und Raumfahrt darstellen. In einem zweiten Schritt werden Herr Gallois und ich uns den Zukunftsfragen unserer Industrie zuwenden. Da wir kein Duett, sondern ein Wechselspiel vortragen, haben wir uns nur über Leitmotive, Themen und Rhythmus verständigt. Melodie, Tonart und Takt wird jeder von uns selbst bestimmen. Wenn Sie gelegentlich einen Tempowechsel - ja vielleicht sogar einen neuen Ton, eine Dissonanz - feststellen, bekennen wir uns dazu.

Denn europäische Zusammenarbeit ist gerade auf dem Gebiet der Luft- und Raumfahrtindustrie - trotz aller unserer gemeinsamen Erfolge - noch niemals eine durch und durch harmonische Veranstaltung gewesen. Vielleicht ist das sogar eines der Geheimnisse unseres Erfolges. Denn wir stehen dazu, daß wir nicht nur in einem schwierigen wirtschaftlichen Umfeld agieren, sondern auch von sehr unterschiedlichen politischen Rahmenbedingungen und Interessen geprägt werden. Und natürlich hat auch die Zusammenarbeit zwischen einem Unternehmen, das dem Staat gehört - wie die Aerospatiale - und einem bereits seit nunmehr sieben Jahren privatisierten Unternehmen des Daimler-Benz-Konzerns - wie es die Daimler-Benz Aerospace ist - ihre ganz natürlichen Konflikte.

Wir wissen aber auch, daß der Erfolg unserer Kooperation in ganz entscheidender Weise davon abhängt, wie wir die vielfältigen Probleme und Konflikte, die das Miteinander verschiedener Kulturen immer wieder aufwirft, bewältigen. Wir haben es in Europa - so meine ich - auch zu lange versäumt darüber zu sprechen, daß das Interkulturelle, das untrennbar mit der europäischen Integration verbunden ist, nicht nur vielfältige Chancen eröffnet, sondern von uns allen die Entwicklung einer offenen Streitkultur verlangt. Unter Streitkultur verstehen wir weniger die Verständigung auf den kleinsten gemeinsamen Nenner als das Ringen um richtige Sachentscheidungen.

Bevor ich in die Darstellung unserer Problemfelder einsteige, möchte ich einen einleitenden Überblick geben.

Entwicklung und aktueller Stand der europäischen Zusammenarbeit auf den Gebieten Raumfahrt und Verteidigung

Raumfahrt und Verteidigung zusammenzufassen liegt nahe, weil beide Bereiche in unserer industriellen Praxis sowohl unternehmensorganisatorisch als auch technologisch eng miteinander verbunden sind. Radar- und Kommunikationstechnik sowie andere Elektronikbereiche, besonders moderne Werkstoff- und Raketenantriebstechnik, finden nämlich sowohl in der Raumfahrt als auch in der Verteidigung Anwendung. Und letztlich kann Raumfahrt und Satellitentechnologie selbst ein Beitrag zur Verteidigung sein, etwa durch Satellitenaufklärung.

Zur »Verteidigung« zähle ich an dieser Stelle jedoch nicht die militärische Flugzeug- und Hubschrauberproduktion. Sie ist sowohl bei uns als auch bei Aerospatiale Teil der Luftfahrt.

Verteidigung

Als »Verteidigung« bezeichnen wir in der Luft- und Raumfahrtindustrie:

- den Bereich Lenkflugkörper, also raketengestützte Luftverteidigung, Flug- und Panzerabwehr sowie Abstandswaffen und Seezielflugkörpersysteme
- außerdem: Informations-, Kommunikations- und Sensorsysteme, dazu zählen Funkaufklärung, Störsender, Bordradar und Kurzwellenkommunikation, Mikrowellenaufklärungssysteme, Schiffspeilanlagen und digitale Kartendarstellung

Im Bereich Lenkflugkörper können wir bereits auf eine mehr als vierzigjährige Tradition europäischer - insbesondere deutsch-französischer - Zusammenarbeit zurückblicken. Ansätze zu einer Kooperation entstanden 1955, als britische, italienische und französische Firmen Herstellungslizenzen für die wehrtechnische Ausrüstung der Bundeswehr zur Verfügung stellten. 1958 vereinbarten die französische Nord-Aviation und die deutsche Firma Bölkow einen ersten Forschungs- und Entwicklungsvertrag über Flugabwehrlenkflugkörper. Der Elysée-Vertrag vom 22. Januar 1963 bedeutete die formelle staatliche Verankerung dieser Kooperation, denn Deutschland und Frankreich verpflichteten sich, »bereits im Stadium der Entwicklung geeigneter Rüstungsprojekte und der Vorbereitung der Finanzierung die gemeinsame Arbeit zu organisieren«.

Was General de Gaulle wenige Monate vor der Vertragsunterzeichnung vor Offizieren der Führungsakademie der Bundeswehr sagte, besitzt auch heute noch Gültigkeit:

»Auslegung und Produktion von Wehrmaterial verlangen heute (. . .) das Zusammenlegen von Mitteln und wissenschaftlichen, technischen, industriellen und finanziellen Kapazitäten, deren Ausmaß immer größer wird. Frankreich und Deutschland werden um so mehr die Mittel ihrer Macht sichern als sie ihre Kräfte bündeln. Und dies wird um so wahrer sein, als ihre europäischen Nachbarn sich ihnen anschließen werden.«

Hinter diesen richtungsweisenden Worten stand zweifellos auch das klare politische Ziel Frankreichs, auf Militär- und Rüstungsprojekte in Deutschland nachhaltig Einfluß zu gewinnen. Das traf sich mit dem deutschen Interesse, technologisch Anschluß an die wehrtechnische Entwicklung zu bekommen und im Einvernehmen mit den Nachbarn wehrtechnische Kapazitäten und Fähigkeiten aufzubauen. Diese ursprünglich nationalen Ziele waren nur in enger deutsch-französischer Kooperation zu erreichen.

Weitere Schritte folgten rasch:

- Noch 1963 wurde ein deutsch-französisches Regierungsabkommen zur Entwicklung der Programme Milan, Hot (Panzerabwehr) und Roland (Flugabwehr) abgeschlossen.
- 1970 wurde dafür das staatliche deutsch-französische Programmbüro gegründet.
- 1972 kam der Zeitpunkt der Industrialisierung und Kommerzialisierung. Jetzt galt es, auf industrieller Seite die Kräfte zu bündeln und dem öffentlichen Auftraggeber einen einzigen Ansprechpartner zu bieten. Zu diesem Zweck gründeten Aerospatiale und Messerschmitt-Bölkow-Blohm (MBB) mit je der Hälfte der Anteile die Programmgesellschaft Euromissile in der Rechtsform eines »Groupement d'Intérêt Economique« (G.I.E.).

Diese Gesellschaftsform war zum Zweck der Förderung europäischer Joint Ventures erst kurz zuvor im französischen Recht geschaffen worden. Ein G.I.E. kann Geschäftspartnern besondere wirtschaftliche Sicherheiten bieten, weil Dritten gegenüber jeder Partner mit seinem gesamten Vermögen für das Konsortium haftet. Die Gesellschaft selbst hat kein eigenes Kapital, ist kein Steuerobjekt und verteilt Gewinne und Verluste entsprechend der Beteiligungen auf ihre Partner. Während Erprobung, Fertigung und Finanzierung in der Verantwortung der Gesellschafter verbleiben, werden Programmleitung, Entwicklungskoordination und Qualitätssicherung, Marketing, Verkauf und Product Support von Euromissile wahrgenommen. Die Eigentümer führen die Gesellschaft über einen zweimal im Jahr tagenden Aufsichtsrat. Er legt die Unternehmensstrategie fest, erarbeitet die finanzwirtschaftlichen Führungsinstrumente, bestellt den Geschäftsführer und verabschiedet die Jahresabschlüsse. Zu einer effizienten Durchsetzung der vom Management gewünschten Maßnahmen tritt im monatlichen Rhythmus ein dreiköpfiger Direktionsrat, zu dem die Leiter der Missile-Divisions von Aérospatiale und DASA gehören, unter Vorsitz des Euromissile-Geschäftsführers zusammen.

Der Direktionsrat trifft - in dem von der Mitgliederversammlung vorgegebenen Rahmen - die wesentlichen Entscheidungen für Euromissile. Produktpolitische Ziele von Euromissile waren von Anfang an: Standardisierung des Wehrmaterials und Interoperabilität verbunden mit einem langfristigen Konzept allmählicher Kampfwertsteigerung. Zehn der vierzehn NATO-Mitglieder verfügen heute über Systeme von Euromissile. Das Gemeinschaftsunternehmen hat damit wesentlich zur Ausrüstung der NATO beigetragen. Auch industriepolitisch war Euromissile ein Erfolg, weil von Anfang an eine Teilung der Aufgaben und Kosten sowie ein auf die laufenden Projekte begrenztes single sourcing erfolgte: MBB baute die Waffenanlage, Aerospatiale die Flugkörper. Dadurch war auch für die Mutterfirmen ein jahrelanger wirtschaftlicher Erfolg garantiert.

Neben Euromissile gab und gibt es eine Reihe kleinerer, ganz ähnlich strukturierter Programmgesellschaften für Panzerabwehrlenkflugkörper, für die Bewaffnung von Flugzeugen und Kampfhubschraubern, bei denen auch britische, italienische, schwedische sowie andere französische Firmen beteiligt sind. Problematisch ist jedoch, daß alle Kooperationen allein auf den Programmerfolg, nicht aber auf den Unternehmenserfolg ausgerichtet sind. Dies bedeutet, daß Doppelkapazitäten, etwa für nationale Programme mit dem Ziel des Exports, bestehen bleiben. Wirklich effiziente Kostenstrukturen sind deshalb in den klassischen Kooperationen kaum zu erreichen. Hinzu kommt, daß Entscheidungen nur einstimmig getroffen werden können, was echtes unternehmerisches Handeln behindert. Letztlich führt das Einstimmigkeitsprinzip dazu, daß sich Qualität und Geschwindigkeit der Zusammenarbeit immer am schwächsten und langsamsten Partner orientieren müssen. Ein solches »Grundgesetz« gefährdet dauerhaften unternehmerischen Erfolg natürlich von Anfang an.

In Zukunft sollen deshalb Programmgesellschaften und projektbezogene Kooperationen durch einen Zusammenschluß in gemeinsamen, internationalen Unternehmen, sogenannte Eurogesellschaften ersetzt werden. Projekte für diese höhere Form der Kooperation sind im Verteidigungsbereich zwischen der französischen Thomson CSF und der DASA für Wirksysteme und Lenkflugkörper-Antriebe bereits verwirklicht worden. Die Gründe dafür liegen auf der Hand. Drastische Kürzungen der Verteidigungsbudgets erzwingen einen ebenso drastischen Kapazitätsabbau in der Industrie. In der Folge haben wir es zunehmend mit Unternehmen zu tun, die zumindest nahe an ihrer betriebswirtschaftlichen Mindestgröße operieren und in ihrer Existenz gefährdet sind. Allerdings: Eine nationale Rüstungsbasis ist für jeden Staat aus sicherheitspolitischer Vorsorge unabdingbar. Eine Lösung des damit entstehenden Zielkonfliktes - Erhalt nationaler Rüstungskapazitäten versus Sparzwang in den nationalen Budgets - kann nur noch im europäischen Verbund gefunden werden. Eurogesellschaften sind deshalb ein Gebot unternehmerischen Handelns, zumal der Erhalt nationaler Mindestkapazitäten dauerhaft nicht gegen betriebswirtschaftliche Gesetze erfolgen kann. Eurogesellschaften sind im übrigen auch die richtige Antwort auf den weltweit verschärften Wettbewerb.

Raumfahrt

Wir unterscheiden heute drei Bereiche, in denen wir in europäischer, teilweise auch in transatlantischer und zunehmend weltweiter Kooperation tätig sind:

- Satellitenbau und -betrieb
- Trägerraketen
- Bemannte Raumfahrt

Am Anfang der europäischen Kooperation stand die gemeinsame Arbeit an Wissenschaftssatelliten. Sie wurde rasch zu einem großen europäischen Erfolg, denn bereits 1968 starteten mit Hilfe amerikanischer Raketen die ersten drei europäischen Wissenschaftssatelliten. Ein Fehlschlag war zunächst der europäische Versuch einer eigenen Trägerraketen-Entwicklung. Frankreich hielt jedoch trotz zwei gescheiterter Projekte nachdrücklich daran fest, daß sich Europa einen eigenen Zugang zum Weltraum schaffen müsse. Um die europäischen Partner für einen dritten Versuch zu gewinnen, schlug Frankreich 1972 vor, gemeinsam eine wesentlich vereinfachte Trägerrakete unter finanzieller und technologischer Führung Frankreichs zu bauen. Das war die Geburt der ›Europarakete‹ ARIANE, des größten europäischen Weltraumerfolges bisher.

Wer diesen Erfolg richtig würdigen will, muß berücksichtigen, daß die Entwicklung eines so komplexen Systems weltweit nur durch staatliche Technologieförderung oder militärische Aufträge möglich ist. Frankreich war mit seinem besonders starken Engagement beim Raumtransport immer der Vorreiter in Europa. Heute sind Produktion und Start der ARIANE-Raketen Angelegenheit der kommerziell operierenden Gesellschaft Arianespace S.A., an ihr sind Raumfahrtunternehmen und Banken aus verschiedenen Staaten beteiligt, 56 % der Anteile liegen bei Frankreich, Deutschland ist mit über 18, Italien mit 7 % beteiligt.

Mehr als die Hälfte des deutschen Anteils liegt in den Händen der DASA (10,25 % insgesamt), knapp vierzig Prozent hält MAN (7,49 % insgesamt), der Rest verteilt sich auf Banken. Die französische Führungsposition wird auch personalpolitisch deutlich: Den Vorstand bilden drei Franzosen. Der Präsident ist gleichzeitig Generaldirektor der staatlichen französischen Weltraumorganisation, die auf französischer Seite – neben der Aerospatiale – wichtigster Gesellschafter von Arianespace ist. Die ›Europarakete‹ ARIANE ist heute mit rund 60 % Marktanteil die Nr. 1 bei kommerziellen Satellitenstarts. Mit der ARIANE-4 haben wir in den letzten Jahren auch einen großen wirtschaftlichen Erfolg errungen. Rund 3 Milliarden DM Entwicklungskosten stehen ein kommerzieller Umsatz und Auftragsbestand von ca. 15 Milliarden DM gegenüber. Allein durch Steuerrückflüsse sind die staatlichen Gelder damit mehr als amortisiert. In Europa sind etwa 15 000 Beschäftigte an ARIANE gebunden, auch und gerade bei kleinen und mittelständischen Unternehmen.

Eine führende Marktposition und Profitabilität sollen auch in Zukunft die Kennzeichen der ARIANE sein. Deshalb haben wir gemeinsam in jahrelanger Entwicklungsarbeit die wesentlich leistungsstärkere und wirtschaftlich effizientere ARIANE-5 geschaffen. Der Fehlstart der ersten Rakete am 6. Juni 1996 war ein herber Rückschlag für die gesamte europäische Raumfahrt. Uns allen hat die Explosion wieder einmal deutlich gemacht, daß sich Raumfahrt immer an der Grenze der heutigen Technologie und damit natürlich im Risikobereich befindet. Niemand weiß dies so genau wie unsere Ingenieure und Techniker, die nach kurzem Schock jetzt rasch Kraft und Mut finden werden, um schon bald die technologische Überlegenheit und Zuverlässigkeit unseres Produktes zu beweisen. Trotz solcher Rückschläge steht die ARIANE für den späten, aber um so deutlicheren Erfolg der europäischen Zusammenarbeit bei Trägerraketen. Ich möchte dabei unterstreichen, daß dieser Erfolg ohne das enorme, insbesondere finanzielle französische Engagement niemals möglich gewesen wäre.

Auch wir Deutschen haben in einem anderen Feld der Raumfahrt inzwischen eine bedeutende Führungsaufgabe in Europa übernommen. Parallel zum europäischen ARIANE-Engagement hatte sich Europa Anfang der siebziger Jahre für eine transatlantische Kooperation bei den APOLLO-Nachfolgeprogrammen entschieden. Unter deutscher Führung wurde das SPACELAB in den siebziger und zu Beginn der achtziger Jahre entwickelt und gebaut. Das SPACELAB ist seit 1983 bereits einundzwanzigmal mit großem wissenschaftlichem Erfolg zum Einsatz gekommen. An diesem Erfolg wird der europäische Beitrag zur internationalen Raumstation, insbesondere das Raumlabor COLUMBUS gemessen werden.

Auch in der Entwicklung und Fertigung von Satelliten, seien es Wissenschafts-, Anwendungs- oder kommerzielle Kommunikationssatelliten, können wir Europäer auf gemeinsame Erfolge zurückblicken. Ich will hier nennen: die beiden Nachrichtensatelliten Symphonie, die Wettersatelliten Meteosat 1 und 2, die beiden Sonden Giotto und Ulysses, bei deren Namensnennung Wissenschaftler regelmäßig ins Schwärmen geraten, sowie die Erdbeobachtungssatelliten ERS1 und 2 und das Infrarotteleskop ISO. Im vergangenen Jahr haben Deutschland und Frankreich beschlossen, auch bei der militärischen Satellitenaufklärung ein gemeinsames Programm - Helios und Horus - zu starten. Das Satellitengeschäft wird einer der großen Wachstumsmärkte sein. Aerospatiale und DASA wollen in diesem Markt in Zukunft als »European Satellite Industry« gemeinsam auftreten. Wir wollen die Bereiche Telekommunikation, Wissenschaft, Erdbeobachtung und Verteidigung gemeinsam bearbeiten und im weltweiten Wettbewerb in der Reihe der Spitzenanbieter stehen.

Louis Gallois

Die Erfahrung einer Kooperation im Bereich der Luftfahrt

Ich werde versuchen, Ihnen ein Bild der Zusammenarbeit zwischen Deutschland und Frankreich in den Bereichen Luftfahrt, Raumfahrt und Rüstung zu vermitteln.

Zunächst zur Luftfahrt: Diese Kooperation kann bereits auf eine lange Vergangenheit zurückblicken. Unsere Achtung gilt den Visionären der fünfziger und sechziger Jahre, denen es damals gelungen ist, einen Schlußstrich unter die Vergangenheit zu ziehen, um gemeinsam eine deutsch-französische Luftfahrtindustrie aufzubauen. Damit war der Grundstein für eine europäische Industrie gelegt, der es in kaum mehr als 20 Jahren gelungen ist, zum Herausforderer einer bis dahin marktbeherrschenden amerikanischen Industrie zu werden.

Der Erfolg sollte uns jedoch nicht zur Euphorie verleiten. Die amerikanische Industrie bleibt eine Wirtschaftsmacht, die noch immer ihresgleichen sucht:

- Boeing hat fünfmal mehr Flugzeuge im Einsatz als Airbus und verfügt über einen doppelt so großen Marktanteil.
- Der Umsatz von Boeing lag 1994 bei über 22 Milliarden Dollar und der von Aerospatiale und DASA nur bei etwa 10 Milliarden.

- Auf der Weltrangliste der Luft-, Raumfahrt- und Rüstungsunternehmen des Jahres 1994 waren die ersten acht Unternehmen US-Firmen; British Aerospace stand an 9., DASA an 10. und Aerospatiale an 12. Stelle.

Dies zeigt, welch langen Weg wir noch zurücklegen müssen, um den Herausforderungen des Wettbewerbs gewachsen zu sein. Die Erfahrungen der letzten 30 Jahre haben uns gezeigt, daß Kooperationen machbar und effizient sind. Sie geben uns die Zuversicht für die harte Arbeit, die uns noch erwartet.

Ich verzichte auf eine detaillierte Darstellung der Entstehungsgeschichte der europäischen Luftfahrt, erinnere jedoch an die Transall, die in vielen Teilen der Erde immer noch ihren Beitrag zur Sicherung des Friedens leistet. Dieses Programm, das Anfang der sechziger Jahre begann, war das erste bedeutsame Beispiel für eine Kooperation zwischen französischen und deutschen Industrieunternehmen, die sich auf eine rückhaltlose Unterstützung ihrer Regierungen verlassen konnten.

Der Erfolg dieses Flugzeugs hat sicher dazu beigetragen, daß die Europäer - und insbesondere Deutschland und Frankreich - erkannten, was sie im Falle einer Zusammenarbeit erreichen können. Die französisch-britische Concorde hat ebenfalls eine wesentliche Rolle bei der Bewußtseinsbildung gespielt und hat für die technische Entwicklung wichtige Erkenntnisse geliefert.

Ende der sechziger Jahre haben Deutsche und Franzosen dann das große Abenteuer Airbus beschlossen. Zum ersten Mal wurde eine gemeinsame grenzübergreifende Organisation gegründet, um ein Programm von solcher Tragweite kommerziell umzusetzen.

Mit dem Airbus wurde ein zweistrahliges Flugzeug mit einem breiten Rumpf entwickelt, das durch diese Innovation eine Marktlücke füllte und langfristig ein Erfolg wurde. Das Airbus-Projekt hat weitere Zusammenschlüsse in Europa nach sich gezogen: Zuerst stießen die Spanier dazu, dann die Briten. Es ist nicht möglich, von dieser Epoche zu sprechen, ohne Franz Josef Strauß zu erwähnen, der der Präsident dieses Konsortiums während der Zeit von 1970 bis zu seinem Tod 1988 war.

Die entscheidende Wende kam für Airbus mit der in den achtziger Jahren getroffenen Entscheidung, sich an andere Marktsegmente heranzuwagen, die bis dahin von der Konkurrenz dominiert wurden. Deutsche Kaufabsichten gaben den entscheidenden Anstoß, die Familie der »standard bodies« auf den Markt zu bringen, die mit der A 320 begonnen und schrittweise auf die A 321 und A 319 erweitert wurde. Der Erfolg dieser Familie stieg mit ihrer Vergrößerung. Sie setzte in ihrer Kategorie weltweit Maßstäbe hinsichtlich Technologie, Sicherheit und Wartungskosten.

Von einschneidender Bedeutung war auch der gemeinsame Beschluß von 1986/87, die Produktpalette um die A 340 und die A 330 zu erweitern. Damit hatten wir einen ersten Schritt in den Markt für Langstrecken-Großraumflugzeuge gemacht, der vorher ein absolut amerikanisches Monopol war. Wir haben an diesem Monopol allerdings nur leicht gekratzt, und bei Maschinen mit mehr als 350 Sitzen, insbesondere der 747 und der vergrößerten Version der 777 besteht dieses Monopol immer noch. Wir müssen aber auch in dieses Marktsegment vorstoßen, um den Wettbewerb auf der ganzen Linie aufnehmen zu können.

Der Airbus hat sich dank seiner überlegenen Technologie auf einem Markt behauptet, auf dem er nicht erwartet wurde. Die Zeit der technologischen Überlegenheit ist nun zumindest teilweise abgelaufen. Jetzt findet der harte Wettbewerb auf den Gebieten der Kundenbetreuung und der Kosten statt. Dort erwartet uns schon die Firma Boeing, die nun nach Jahren der Vorherrschaft endgültig aus ihrem Schlaf erwacht ist. Diese wesentlichen Gründe veranlassen uns, die Rechtsform von Airbus in Richtung einer stärker integrierten Form, das heißt in ein Unternehmen mit sämtlichen Geschäftsbefugnissen weiterzuentwickeln. Herr Bischoff wird dies noch erläutern.

Ich möchte an dieser Stelle die Regionalflugzeuge nur kurz erwähnen. In diesem Bereich war unsere Zusammenarbeit bisher wenig erfolgreich. Aerospatiale ist im Rahmen von ATR (Avion Transport Régional) seit Beginn der achtziger Jahre in einer französisch-italienischen Kooperation engagiert. Diese Kooperation wurde 1995 durch den Beitritt von British Aerospace zu AIR (Airbus Industrie Régional) erweitert. Eine Zusammenarbeit mit Fokker ist Aerospatiale und DASA leider nicht gelungen. So waren wir bis zur Eröffnung des Konkursverfahrens direkte Konkurrenten von Fokker; für unsere Partnerschaft war diese Konstellation eine wenig glückliche Episode. Wir haben uns gegenseitig auf einem der schwierigsten und exponiertesten Märkte bekämpft, ein fruchtloser Kampf und zum Vorteil unserer Konkurrenten, insbesondere der kanadischen Firma Bombardier.

Hieraus können wir eigentlich nur lernen, wie wichtig es ist, in unserer Branche nach europäischen Lösungen zu suchen, da Uneinigkeit den nordamerikanischen Konkurrenten zugute kommt.

Was die Kampfflugzeuge betrifft, so hat Frankreich die Programme bis zur jetzigen Generation, der Mirage 2000 und Rafale, immer allein entwickelt, abgesehen von der früheren britisch-französischen und deutsch-französischen Kooperation bei dem Jaguar bzw. Alphajet. Deutschland hat eine längere Tradition der Zusammenarbeit und ist ein wichtiger Partner bei den beiden Panavia-Konsortien für den Tornado und den Eurofighter. Wir wissen alle, daß es in der nächsten Generation nur noch ein europäisches Flugzeug geben wird. Darauf müssen wir uns schnellstens vorbereiten, und ich bin sicher, daß Frankreich diesmal voll in das Programm einbezogen sein wird. Der Zusammenschluß von Aerospatiale und Dassault fügt sich in diese Perspektive und wird sehr hilfreich sein.

Abschließend einige Worte zu den Hubschraubern: Auf diesem Gebiet sammeln wir im Rahmen der deutsch-französischen Kooperation Erfahrungen, die sich zwar von denen unterscheiden, die wir mit dem Airbus gemacht haben, die aber ebenso fruchtbar sind.

Die Hubschrauber stellten für unsere Kooperation ein hervorragendes Versuchsfeld dar: Anfangs herrschte eine rauhe Konkurrenzsituation, die uns in vieler Hinsicht an diejenige der Regionalflugzeuge erinnert, die ich gerade geschildert habe. So war es damals zum Beispiel äußerst paradox, daß wir gemeinsam über Euromissile das gleiche Waffensystem zur Panzerabwehr, HOT, für zwei konkurrierende Hubschrauber anboten, für die Gazelle von Aerospatiale und für die BO 105 von MBB.

Ende der achtziger Jahre stellte man fest, daß eine solche Situation für beide Partner selbstzerstörerisch war, da sich jeder nur auf seinen nationalen Markt stützen konnte, der im Vergleich zum amerikanischen Markt viel zu klein war. Unter diesen Umständen war für die Europäer die Amortisierung der Entwicklungs- und Fertigungskosten nicht zu erreichen und ihre Handlungsfähigkeit war sowohl im Export als auch in der Entwicklung neuer Produkte äußerst begrenzt. In damaligen Analysen zeichnete sich die heutige Situation bereits ab, insbesondere hinsichtlich der drastischen Haushaltskürzungen, die in den Budgets der Länder vorgenommen wurden. Derzeit ist in Frankreich der Bereich der Hubschrauber besonders betroffen.

Nachdem DASA und Aerospatiale das Gebot der Stunde erkannt hatten, näherten die beiden Unternehmen sich einander an und gründeten 1991 Eurocopter. Diese Gründung war der Anstoß zu einem weiteren Fortschritt, der durch den politischen Beschluß unterstützt wurde, die Militärhubschrauber Tiger und NH 90 zu entwickeln, um den Bedarf der französischen und deutschen Streitkräfte zu decken. Aus dieser Verbindung ist als erstes Produkt der neue Zivilhubschrauber EC 135 entstanden, der sich bereits sehr gut verkaufen läßt. In den Hubschrauber, der in Deutschland montiert wird, sind die Spitzentechnologien von Eurocopter Deutschland und Eurocopter France eingeflossen.

Auf diese Weise entsteht der europäische Markt, ein gemeinsam definierter Bedarf und eine kooperierende Industrie, um diesen Markt unter den besten technischen und wirtschaftlichen Voraussetzungen bedienen zu können und gleichzeitig High-Tech-Arbeitsplätze zu sichern.

Der amerikanischen Konkurrenz werden wir dann wirksam gegenübertreten können, wenn wir über die legitime Wahrung unserer eigenen Interessen hinaus die

Kräfte bündeln, gemeinsam Kosten senken und gemeinsam unsere Kunden zufriedenstellen.

Auf dem Hauptgebiet der Flugzeuge und Hubschrauber ist die europäische Zusammenarbeit seit über 35 Jahren Realität. Die deutsch-französische Partnerschaft war hier die treibende Kraft. Die Kooperation hat entscheidend zum Aufbau der Europäischen Gemeinschaft, zur Entwicklung ihrer technologischen Fähigkeiten und zum Ausgleich des Handelsaustausches beigetragen. In mancher Hinsicht ist sie sogar zum Symbol für Europa geworden.

Es ist unsere Aufgabe, dafür zu sorgen, daß die Marktöffnung noch weiter geht, in einer neuen Form, aber immer in der Überzeugung, daß die Zusammenarbeit die einzige Antwort auf die Herausforderungen des Wettbewerbs ist.

Manfred Bischoff

Zukunftsperspektiven der europäischen Zusammenarbeit in der Luftfahrt

Anschließend an die Worte von Herrn Gallois nehme ich Stellung zu den Zukunftsperspektiven und Herausforderungen der europäischen Zusammenarbeit auf dem Gebiet der Luftfahrt. Bevor ich mich dabei auf das weitaus wichtigste Thema, den Airbus-Großflugzeugbau, konzentriere, möchte ich nur wenige Sätze zum Hubschrauberbau sagen.

Die von Herrn Gallois erläuterte Lage von Eurocopter zeigt deutlich, daß hier noch große Aufgaben vor uns liegen, wenn wir eine wettbewerbsfähige europäische Hubschrauberindustrie schaffen wollen. Wir brauchen dazu schon bald eine neue Führungsgesellschaft mit operativer Verantwortung und alleiniger Entscheidungskompetenz in allen Funktionen und für alle Standorte. Schon mittelfristig wird sich die Frage stellen, ob wir uns in Europa die Konkurrenz von drei Unternehmen, Eurocopter, Agusta und Westland noch leisten können. Wenn Europa wirklich auf Dauer an einer wettbewerbsfähigen Hubschrauberindustrie interessiert ist, dann haben wir dazu nur eine Chance, wenn wir unsere Kräfte - also unsere Fähigkeiten, aber auch unsere Märkte - bündeln. Europäische Zersplitterung, europäische Schwäche nutzt nur unseren amerikanischen Wettbewerbern. Neben diesen Fragen der europäischen Unternehmensstruktur wird die Zukunft des noch jungen Unternehmens Eurocopter jedoch vor allem untrennbar mit dem Erfolg der militärischen Großprogramme Tiger und NH90 verbunden sein.

Lassen Sie mich damit zum Thema Airbus übergehen und zunächst nochmals unterstreichen, was Herr Gallois gesagt hat, nämlich daß sich in den letzten 25 Jahren die Airbus-Produkte am Markt fest etabliert haben und hohe Akzeptanz bei den Kunden genießen. Auch und gerade bei den Kunden unserer Kunden, also bei den Passagieren, steht die Marke Airbus für höchste Qualität. Nach einer Umfrage der staatlichen US »Travelling and Tourist Administration« rangieren Airbus-Flugzeuge in der Gunst der Passagiere weit vor den Konkurrenzmodellen. Zu den guten Nachrichten gehört zudem, daß alle Prognosen für den Luftverkehr der nächsten 20 Jahre ein starkes Marktwachstum sowohl im Passagier- wie auch im Frachtaufkommen voraussagen. Fluggesellschaften werden danach weltweit rund 750 Mrd. US$ investieren und rund 12 000 neue Verkehrsflugzeuge (mit mehr als siebzig Sitzen) in Betrieb nehmen. Dieses Marktpotential bietet reiche Chancen, die wir für Europa nutzen wollen. Doch Erfolge der Vergangenheit und günstige Zukunftsprognosen dürfen den Blick für die Realitäten nicht verstellen. Dazu gehört vor allem, daß sich der Kampf um Marktanteile in den nächsten Jahren nochmals drastisch verschärfen wird.

Europa wird die Erfolgsgeschichte von Airbus deshalb zukünftig nur fortschreiben können, wenn wir vier wichtige Aufgaben lösen:

1. Airbus muß sich eine voll wettbewerbsfähige Kostenstruktur erarbeiten.
2. Airbus muß sich eine breite und profitable Produktpalette schaffen.

3. Airbus muß eine effiziente Unternehmensstruktur entwickeln.
4. Airbus muß eine europäische Technologieförderung erhalten.

Diese vier Aufgaben sind nur gemeinsam zu lösen. Der deutsch-französischen Zusammenarbeit kommt dabei schon allein aufgrund der Größe unserer Anteile die zentrale Rolle zu.

Die Kostenstruktur steht unter nachhaltigem Veränderungsdruck, weil unser Hauptwettbewerber Boeing seine Kosten massiv senkt. Wettbewerbsfähigkeit verlangt deshalb, daß wir die Kosten schon innerhalb weniger Jahre um teilweise bis zu 30 % reduzieren. Klar ist auch: Wir müssen laufend besser werden. Und Maßstab ist dabei für uns der Marktführer! Außerdem sind wir einer nach wie vor unberechenbaren Entwicklung des Dollarkurses ausgesetzt. Wenn sein langfristiger Abwärtstrend in real terms anhält, kann dies die Existenz der Luftfahrtindustrie in Europa zunichte machen. Wir müssen deshalb unabhängiger von Wechselkursrisiken werden und unsere Kosten auf einen niedrigen Dollarkurs ausrichten. Die Notwendigkeit einer drastischen Verbesserung unserer Kostenstruktur zwingt uns zu Anpassungsprozessen, die nicht ohne erhebliche Schwierigkeiten ablaufen werden. Für uns alle - für jeden Airbus-Partner - bedeutet das auch, eigene Interessen zurückzustellen, um den Weg für single sourcing und Centers of Competence frei zu machen. Dies setzt die Bereitschaft voraus, konsequent auf redundante nationale Fähigkeiten zu verzichten, »economy of scale« zu realisieren, auf diesem Weg eine nachhaltige Kostenreduzierung zu bewirken und damit insgesamt unsere Wettbewerbsfähigkeit zu stärken.

Technologisch und wirtschaftlich ist unsere wichtigste Herausforderung das doppelte Kapazitätsmonopol von Boeing im Bereich über 350 Sitze - also in der Klasse der B 747 - sowie bei der hundertsitzigen B 737-600.

Ich bin davon überzeugt, daß es für die Zukunft des europäischen Flugzeugbaus entscheidend sein wird, ob es gelingt, die Monopole unseres Wettbewerbers zu brechen. Dies gilt um so mehr, als Boeing auch zum Nachteil unserer bisherigen Produktpalette die klassischen Vorteile des Monopolisten genießt: Monopolrente, Quersubventionierung der anderen Boeing-Produkte etc. Das Jumbo-Monopol hat hohe Bedeutung, weil der Markt nicht nur nach immer größeren Fluggeräten, sondern auch nach Produkten aus ein und derselben Flugzeugfamilie fragt. Die Airlines sparen nämlich in großem Umfang Schulungs-, Wartungs- und Betriebskosten, wenn ihre Flotte Teil einer Flugzeugfamilie ist.

Airbus kann heute bei großen Verkehrsflugzeugen keine komplette Flugzeugfamilie anbieten. Wir erwarten in den nächsten 20 Jahren rund 35 % des gesamten Marktpotentials im Bereich über 350 Sitze. Airbus muß daher seine Wettbewerbsfähigkeit durch einen Vorstoß in dieses Marktsegment erhöhen. Wir werden noch in diesem Jahr unser Konzept für ein großes Flugzeug in technischer Hinsicht erarbeiten. Es geht aber auch darum, zusätzliche Partner für unser Vorhaben zu gewinnen und last but not least die Finanzierung zu klären. Wie jede andere bedeutende Flugzeugentwicklung in der Geschichte, wird auch dieses Flugzeug nicht entstehen können ohne substantielle nationale und europäische Technologieförderung. Darüber werden wir noch in diesem Jahr in Gespräche mit den Regierungen eintreten.

Einer Ausweitung der Airbus-Produktpalette dient auch unser Vorhaben, das zukünftige militärische Transportflugzeug (Future Transport Aircraft – FTA) innerhalb des Airbus-Systems zu bauen. Das FTA soll die veraltete Transall ersetzen. Frankreich und Deutschland haben zwar den militärischen Bedarf bestätigt, versuchen jedoch, ihre angespannten Budgets nicht mit den hohen Entwicklungskosten eines solchen Flugzeuges zu belasten. Wir arbeiten deshalb an einem sogenannten »commercial approach«, also einer im wesentlichen privatwirtschaftlichen Organisationsform der Flugzeugentwicklung.

Für die Zukunft von Airbus hat das FTA außerordentlich hohe Bedeutung, weil vorhandenes Know-how genutzt und ein späterer Dual Use neuer Technologien ermöglicht wird. Ein militärisches Standbein für Airbus würde zu einer Stärkung der Wettbewerbsfähigkeit des Airbus-Systems beitragen, so wie es bei unseren Wettbewerbern schon seit vielen Jahren der Fall ist. Ein militärisches Airbus-Standbein könnte auf lange Sicht darüber hinaus zu einem Nukleus für eine europäische Kampfflugzeugproduktion werden. Europa wird sich nämlich nicht noch einmal die parallele Entwicklung konkurrierender Kampfflugzeuge erlauben können. Ich rechne deshalb fest damit, daß die Kampfflugzeuge der nächsten Generation gemeinsam entwikkelt und produziert werden. Was liegt da näher, als zu überlegen, ob dafür auf die erprobten Strukturen des Airbus-Systems zurückgegriffen werden kann?

Wir haben unsere Innovationsfähigkeit und unser Leistungspotential in der Vergangenheit immer wieder bewiesen, und ich bin gemeinsam mit meinem Kollegen Gallois fest davon überzeugt, daß dies auch in der

Zukunft geschehen wird, wenn wir mit der notwendigen Entschlossenheit die anstehenden Maßnahmen ergreifen. Dazu gehört mehr denn je eine Restrukturierung von Airbus Industrie. Unterschiedliche Modelle stehen dabei zur Diskussion, die sich vor allem durch ihren Integrationsgrad unterscheiden. Beginnend mit der Teilintegration von Konzeptentwicklung und Endmontage bis hin zur Vollintegration aller Fähigkeiten.

Alle Partner sind sich darin einig, bereits jetzt mögliche Veränderungen und wesentliche Verbesserungen des heutigen Systems sofort einzuleiten. Identifizierte Potentiale der Effizienzsteigerung sollen so rasch wie möglich ausgeschöpft werden.

British Aerospace und DASA sind darüber hinaus Anhänger einer Vollintegration aller Airbus-Aktivitäten. Aerospatiale und die spanische CASA - die beiden Staatsfirmen - sind ebenfalls der Auffassung, daß eine AI-single company mittelfristig unverzichtbar ist für ein wirtschaftlich profitables und wettbewerbsfähiges Unternehmen. Sie sind jedoch aus unterschiedlichen Gründen eher zurückhaltend in der Forderung nach rascher Vollintegration. So profitiert die CASA vom jetzigen System, weil trotz eines Anteils von nur 4,2 % das geltende Einstimmigkeitsprinzip Macht und Einfluß garantiert. Aus französischer Sicht stellt sich die noch ungelöste Frage der Zukunft der französischen Luftfahrt im Prozeß der nationalen Restrukturierung. Die französische Regierung wünscht nämlich beispielsweise ein Zusammengehen der Aerospatiale mit Dassault, dem einzigen großen privaten Flugzeugbauer in Frankreich.

Auch Teilintegrationsmodelle, wie z. B. die Integration der Entwicklung, nicht aber der Fertigung, sind weder für Aerospatiale noch für DASA akzeptabel; für

DASA und Aerospatiale würde eine bloße Teilintegration nämlich dazu führen, daß die verbleibenden Restfähigkeiten kaum mehr lebensfähig wären. Deshalb kommt jedenfalls für uns nur eine Vollintegration aller Partnerfähigkeiten in Betracht. Ich meine, daß wir mit Fug und Recht verlangen können, daß die großen Beiträge, die Frankreich und Deutschland sowie unsere beiden Unternehmen für den eindrucksvollen Erfolg von Airbus leisten, auch im Restrukturierungsprozeß gewürdigt werden. So haben wir unter anderem modernste Fertigungseinrichtungen geschaffen, die weltweit Maßstäbe setzen.

Vor diesem Hintergrund wird verständlich, daß es nicht einfach ist, ein von allen heutigen Airbus-Shareholdern getragenes Integrationsmodell zu finden. Klar ist jedoch, daß eine Vollintegration mittelfristig mit einem europäischen Strukturkonzept verbunden werden müßte, um im Zuge eines Interessenausgleiches das Ziel einer optimierten single company zu erreichen. In diesem Punkt bin ich mir mit Louis Gallois völlig einig: Die Neuordnung unserer Airbus-Aktivitäten ist nur ein erster Schritt. Wir müssen beispielsweise auch die Frage der Restrukturierung der militärischen Luftfahrtaktivitäten lösen, wobei die Kernfrage lautet: Müssen wir die beiden Prozesse koppeln und in welchem Zeitrahmen? Es steht außer Frage, daß wir den weiten Weg von einem Groupement d'Intérêt Economique zu einer Aktiengesellschaft nur in Etappen erreichen können. Aber diesen Weg und die Etappen aufzuzeigen, das ist eine klare Bringschuld der Industrie, dazu gehört auch, daß wir Vorschläge erarbeiten zur Lösung so komplizierter Probleme wie der Bewertung von Substanz und Ertrag, der Kapitalausstattung, des Stimmrechts und der Steuern.

Außerdem gibt es in diesem Zusammenhang eine Fülle politischer Fragen zu lösen. Dazu gehört zweifellos die ursprünglich von der Politik geschaffene Gesellschafterstruktur, die wir bei Airbus vorfinden. Hier stehen sich zwei Privatunternehmen - British Aerospace und Daimler-Benz Aerospace - sowie zwei Staatsunternehmen - Aerospatiale und Casa - gegenüber. Als Privatunternehmen ist es unser wichtigstes Ziel, den Eigentümern eine ausreichende Verzinsung ihres Kapitals zu ermöglichen. Staatsunternehmen haben jedoch vorrangig nationale politische Interessen im Blick. Dieser Zielkonflikt kann in der täglichen industriellen Praxis zu Friktionen führen, deshalb stellt sich in einem industriellen Restrukturierungsprozeß klar die Frage nach der Privatisierung der Staatsgesellschaften unserer Partner. Lösungen können dafür nur politisch gefunden werden, indem die Gesellschafterstruktur umgewandelt wird oder zumindest klare Abmachungen getroffen werden, die Effizienz und Wirtschaftlichkeit als oberste Priorität festschreiben. Auch die im Restrukturierungsprozeß selbstverständlich zu beachtenden nationalen Interessen können nur politisch vereinbart werden. Insofern ist die Airbus-Restrukturierung ein hochpolitisches Unternehmen.

Auch ein weiteres wichtiges Problem unserer Industrie kann nur politisch gelöst werden. Es geht um die inzwischen dramatisch verzerrten weltweiten Wettbewerbsbedingungen. Wir Europäer haben im Zuge der GATT-Verhandlungen einseitig die bei uns bislang übliche direkte Förderung des Flugzeugbaus aufgegeben, ohne einen Ersatz zu schaffen. Wenn wir vergleichbare Wettbewerbschancen erreichen wollen, müssen wir die in den USA übliche indirekte Förderung durch Technologieprogramme und den Dual Use militärischer Entwicklung in zivilen Produkten realisieren. Die USA verstärken stets ihre weitreichenden Maßnahmen zur Unterstützung der nationalen Flugzeugindustrie. Dazu zählen eine massive Technologieförderung, Steuervergünstigungen und Exportförderungen. Fast noch wichtiger ist die starke politische Unterstützung im nationalen Fusions- und Konzentrationsprozeß und bei der Akquisition von Aufträgen im Ausland. Amerikanische Unternehmen können sich schon aufgrund der Bedeutung der Luftfahrt für die amerikanische Handelsbilanz jederzeit auf politische Hilfestellung höchster Stellen, ja selbst des Präsidenten, stützen, um Wettbewerbsvorteile zu erlangen.

Ohne gemeinsame Anstrengungen von Politik und Wirtschaft kann in einem derart politisch beeinflußten Markt wie der Luft- und Raumfahrt dauerhafter Markterfolg nicht gelingen. Wenn wir Europäer unser Flaggschiff im Wettstreit um die Industriebranchen der Zukunft, die Airbus Industrie, fit halten wollen, dann brauchen wir eine wettbewerbsfähige Technologieförderung über nationale Grenzen hinweg, also auch auf europäischer Ebene. Wir müssen militärische Aufträge zur Technologieentwicklung für zivile Anwendungen nutzen. Staatsaufträge müssen an europäische, nicht vorrangig nationale Firmen gegeben werden, und wir brauchen eine koordinierte europäische Steuerpolitik sowie Technologie- und Exportförderung. Wir müssen aber auch die GATT-Regeln ausschöpfen, um mit handelspolitischen Maßnahmen die Wettbewerbsfähigkeit der europäischen Luftfahrt zu stärken. Wir brauchen außerdem eine gemeinsame Luftfahrtbehörde nach dem Vorbild der amerikanischen Federal Aviation Administration (FAA) und eine Bündelung der Großforschungseinrichtungen in europäischen Kompetenzzentren.

Am wichtigsten ist die Bereitschaft, die in unserer Branche von den USA vorgegebenen Spielregeln endlich zu akzeptieren. Selbst wenn sie uns nicht gefallen, können wir nur Einfluß darauf nehmen, wenn wir gemeinsam handeln. Louis Gallois hat schon darauf hingewiesen, daß das Unternehmen Airbus Industrie untrennbar mit der europäischen Idee verbunden ist und von Anfang an ein Gradmesser für die Bindekraft europäischen Kooperationswillens war. Heute trifft dies mehr denn je zu. In der Erfolgsgeschichte von Airbus in den letzten 25 Jahren spiegelt sich nicht nur die europäische Innovationsfähigkeit, sondern auch die Erfolgsgeschichte des europäischen Integrationswillens. Die Zukunft von Airbus steht und fällt mit der Bereitschaft der Europäer – trotz Rinderwahn und Währungspanik –, die Zukunft gemeinsam zu gestalten.

Louis Gallois

Perspektiven der Zusammenarbeit in den Bereichen Raumfahrt und Verteidigung

Der Airbus ist für die europäische Zukunft von ausschlaggebender Bedeutung. Die Luftfahrt ist eng mit den Bereichen Raumfahrt und Verteidigung verknüpft, auf die an dieser Stelle näher eingegangen werden soll.

Die Raumfahrt- und Verteidigungsindustrie bewegte sich zwischen 1960 und 1990 in einem stabilen Umfeld, geprägt durch den Kalten Krieg und erste große Kooperationsprogramme im zivilen und militärischen Bereich. Aufgabe der Industrie - oft Staatsbetriebe - war die erfolgreiche Durchführung von Spitzentechnologieprogrammen; wenn diese Programme darüber hinaus noch rentabel waren, um so besser, aber dies stand nicht an erster Stelle. Für Aerospatiale und damals MBB war es eine erfolgreiche Zeit, in der die Programme Roland, Milan oder Ariane entwickelt wurden.

Der Umbruch der neunziger Jahre traf die Verteidigungsindustrie mit außergewöhnlicher Härte. Die Änderung der strategischen Weltlage infolge des Zusammenbruchs der Sowjetunion führte zu beträchtlichen Kürzungen der westlichen Verteidigungsbudgets. Auch in Frankreich ist dies nunmehr der Fall. Der Umbruch hatte unmittelbare Auswirkungen in Form des Rückgangs der Staatsaufträge - sowie mittelbare, genauso verheerende Auswirkungen infolge des erwachenden Interesses der amerikanischen Industrie am

Export in die Länder, die vormals zum Großteil unsere Kunden waren. Eine um so gefährlichere Strategie, als diese Industrie in sechs bis sieben Jahren ihre Umstrukturierung durch einen Personalabbau um fast 50 Prozent vorantreibt und ihre Schlagkraft durch Kapitaltransfers von über 50 Milliarden Dollar stärkt. Sie stellt sich nun dem internationalen Wettbewerb als eine höchst effiziente und rentable Industrie. Sie profitiert außerdem von der Unterstützung, die die US-Regierung sowohl bei der Kartellgesetzgebung als auch für Forschungsprojekte und Exportaktivitäten zugesagt hat. Schließlich stützt sie der im Verhältnis zur D-Mark und dem Franc deutlich unterbewertete Dollar, was ein absolut künstlicher Wettbewerbsvorteil ist.

Wir stehen mit der amerikanischen Industrie auf geschrumpften Märkten in einem außergewöhnlich harten Wettbewerb, wobei die Preise, also der Kostenfaktor und nicht mehr nur die Technologie entscheidend sind. Dieser immensen Herausforderung muß sich die Verteidigungsindustrie stellen.

In der Raumfahrt hat sich die Landschaft nicht so stark verändert. Dort herrscht weiterhin eine enge Zusammenarbeit in Europa, die von der politischen Entschlossenheit der Staaten getragen wird, sich an der Eroberung des Weltalls zu beteiligen. Ariane ist ein gutes Beispiel der Zusammenarbeit auf diesem Gebiet. Der jüngste Mißerfolg ist enttäuschend, wir müssen die technischen Lehren ziehen, aber der Wille, dieses Programm erfolgreich zu Ende zu führen, steht außer Zweifel.

Die Beschlüsse der Konferenz von Toulouse zugunsten der bemannten Raumfahrt und der internationalen Raumstation bekräftigen ebenfalls den Willen Europas, am nichtkommerziellen Abenteuer Raumfahrt teilzunehmen. Die Beteiligung am Raumlabor Columbus (COF), bei dem DASA federführend ist, am Automatic Transfer Vehicle (ATV) unter der Verantwortlichkeit der Aerospatiale und an der Studie über das Crew Rescue Vehicle (CRV) bezeugen diesen Willen. Der Erfolg der Konferenz von Toulouse beruht auf der Tatsache, daß Frankreich und Deutschland mit einer Zunge gesprochen haben, ganz im Sinne eines wissenschaftlich begründeten Ehrgeizes, der die übrigen europäischen Länder überzeugt.

Im Bereich der kommerziellen Raumfahrt wird der internationale Wettbewerb immer stärker. Ariane steht vor schwierigeren Jahren als je zuvor, denn sie wird sich der neuen amerikanischen, russischen, chinesischen oder japanischen Konkurrenz stellen müssen, und andere Konkurrenten werden sicherlich folgen. In den einzelnen europäischen Ländern werden auch für die Raumfahrtbudgets, wie schon bei den übrigen Haushalten, Kürzungen gefordert. Sie tragen mit dazu bei, die Kriterien von Maastricht umzusetzen. Die Notwendigkeit einer Verbesserung der Kostenstruktur steht auch hier immer stärker im Vordergrund.

Wic rcagiert die europäische Industrie auf den Wettbewerb in Verteidigung und Raumfahrt angesichts der amerikanischen Herausforderung? Die europäische Industrie hat bisher noch keine Gegenstrategie entwickelt. Gewiß, die Restrukturierung läuft. Dies gilt für DASA mit dem Dolores-Plan; dies gilt für Aerospatiale, die in den letzten vier Jahren ihre Belegschaft unter akzeptablen Bedingungen für die Betroffenen von 45.000 auf 37.000 Mitarbeiter reduziert hat und bis 1998 einen weiteren Abbau von 3.000 Arbeitsplätzen, hauptsächlich im Verteidigungsbereich, vornehmen wird.

Die externe Reorganisation der Industrie auf europäischer Ebene vollzieht sich jedoch beunruhigend langsam. In Europa ist noch keine unternehmensstrategische Maßnahme von amerikanischem Ausmaß erfolgt wie beispielsweise die Gründung von Lockheed Martin, gefolgt von der Übernahme der wehrtechnischen Elektronik von Loral oder der Gründung von Northrop Grumman mit anschließender Übernahme der Westinghouse Electronic. Ich halte es jedoch für unerläßlich, daß sich die europäische Industrie zusammenschließt. Die Partner Deutschland und Frankreich werden bei diesem Zusammenschluß eine wichtige Rolle spielen können und müssen.

Der europäischen Industrie fällt es schwer, spartenbezogen Zusammenschlüsse in die Wege zu leiten. Die europäische Industrie, die gewohnt ist, im Rahmen von Programmen zu planen, hat erkannt, daß die Zusammenarbeit über die Bereiche Luft- und Raumfahrt hinaus den Sektor Verteidigung einschließen muß.

Die bestehenden Kooperationsstrukturen, häufig wirtschaftliche Interessengemeinschaften französischen Rechts (Groupements d'Intérêts Économique), ermöglichten, Entwicklungskosten zu teilen und Produkte gemeinsam zu vermarkten. Diese Strukturen haben dreißig Jahre lang zufriedenstellend funktioniert, sind aber angesichts der neuen Herausforderungen, die Kosten in den Griff zu bekommen, veraltet. Es wächst der Druck, zu stärkeren, dauerhafteren, integrierteren Strukturen überzugehen, die es ermöglichen, die vorhandenen Potentiale zusammenzulegen und zu rationalisieren. Als Beispiele seien für die Satellitenbranche die

Gründung von Matra Marconi Space durch Matra und GEC-Marconi sowie im Bereich Flugkörper-Antriebe die Gründung der Firma Protac durch DASA und Thomson-CSF genannt. Die bedeutendste Firmengründung auf diesem Gebiet ist die Zusammenlegung der Hubschrauberaktivitäten von DASA und Aerospatiale im Rahmen von Eurocopter.

DASA und Aerospatiale führen gegenwärtig Abschlußverhandlungen zur Gründung von zwei Tochtergesellschaften auf Basis einer 50:50 Beteiligung, eine für Flugkörper, die andere für Satelliten; in beiden Bereichen besteht bereits eine langjährige Kooperation zwischen den zwei Unternehmen. Eine Zusammenlegung der Kräfte in diesen Sparten erachten wir als absolut notwendig, um das Ziel zu erreichen, Firmen von zumindest europäischer Dimension zu schaffen, die auch weiteren Partnerfirmen offenstehen.

Diese Gemeinschaftsunternehmen sind - wie es sich bei Eurocopter erwiesen hat - ein enormer Fortschritt. Sie sind richtungsweisend für die Strukturierung der europäischen Industrie. DASA und Aerospatiale müssen dabei aufgrund ihrer langjährigen Kooperation und des gegenseitigen Vertrauens zur treibenden Kraft werden.

Diese Tochtergesellschaften agieren hinsichtlich ihrer Autonomie in sehr sensiblen Umfeldern und unterliegen, anders als die US-Unternehmen, besonderen Bedingungen. In den meisten Fällen handelt es sich um Firmen mit 50:50 Beteiligung. Selbst wenn dies - wie bei Eurocopter - nicht der Fall ist, funktionieren sie praktisch auf der Basis einer 50:50 Parität, mit der unvermeidlichen Folge, daß ihr Management erschwert wird. Rationalisierungsmaßnahmen erfolgen in diesem Fall länderübergreifend und gestalten sich dadurch schwieriger. Die an den Programmen beteiligten Länder wollen, daß bestimmte Produktionsstätten gemäß ihres jeweiligen Finanzierungsanteils im eigenen Land verbleiben.

Meine zweite Bemerkung betrifft die Langwierigkeit der Verfahren zur Gründung dieser Gemeinschaftsunternehmen. Wir diskutieren inzwischen seit drei Jahren über die Modalitäten einer Annäherung von Aerospatiale und DASA in den Bereichen Flugkörper und Satelliten. Wir haben über ein Jahr lang auf grünes Licht von den Politikern für diese Zusammenschlüsse gewartet. Ende Dezember letzten Jahres war es endlich soweit. Auf dem deutsch-französischen Gipfeltreffen wurde die Entscheidung für satellitengestützte militärische Aufklärung getroffen. Sie umfaßt die deutsche Beteiligung am optischen Satelliten Helios II und die Einleitung des deutsch-französischen Programms für den Radarsatelliten Horus. Auch die geplante Zusammenlegung der Flugkörperbereiche von Matra und British Aerospace benötigt zu viel Zeit.

Hinzu kommen die langen Entscheidungswege. Es kann durchaus fünf Monate dauern, bis die EU-Kommission in Brüssel ihre Genehmigung zum Zusammenschluß von Firmenaktivitäten im Bereich Flugkörper und Satelliten erteilt, wohingegen die amerikanische Federal Trade Commission innerhalb von zwei Monaten über die Fusion Lockheed und Loral entschied, die im Umfang und unter Wettbewerbsaspekten wesentlich bedeutender war.

Wir verlieren Zeit; die Teams werden demotiviert und unsere Konkurrenten gewinnen zwischenzeitlich an Terrain.

Die branchenbezogenen Zusammenschlüsse sind notwendig und richtungsweisend für den europäischen Binnenmarkt. Sie sind der Schrittmacher für die notwendigen Rationalisierungsprozesse, die zur Zeit noch nicht konsequent genug durchgeführt werden. Sie werden nicht immer geschlossen von den Aktionären getragen, die oft unterschiedliche Projekte und Zielsetzungen verfolgen, weshalb es noch an größeren Einheiten fehlt, die mit der nötigen Finanzkraft und strategischen Effizienz am Markt agieren können.

Wir müssen deshalb einen Schritt weitergehen und Annäherungen zwischen den Muttergesellschaften selbst anstreben. Eine Aussage über die Form oder zeitliche Umsetzung solcher Annäherungen zu machen wäre verfrüht, darüber nachzudenken ist jedoch sicherlich nicht zu früh.

Die Gründung der Luftfahrtgesellschaft Airbus ist in diesem Zusammenhang wegweisend. Ich komme nochmals auf die zivile Luftfahrt zurück, denn ich habe bereits erwähnt, daß eine strikte Unterteilung unserer Unternehmen in Segmente nicht möglich ist. Wir werden bei dieser Gelegenheit beträchtliche Vermögenswerte zusammenlegen und eine Gesellschaft gründen, die mit einem sehr hohen Kapital ausgestattet sein wird. Unsere gemeinsamen Interessen werden dadurch erheblich gestärkt, wir haben darauf zu achten, daß diese Interessen konsequent verfolgt werden. Um dies zu erreichen, muß zumindest die strategische Konvergenz zwischen den drei Hauptaktionären DASA, British Aerospace und Aerospatiale gewährleistet sein. Die Konvergenz sowie die Ausweitung der gemeinsamen Interessen führt uns zurück zu der Frage nach der strukturellen Annäherung.

Diese Vorgehensweise erscheint mir notwendig, denn wir stehen im Wettbewerb mit amerikanischen Konzernen, die zwei- oder dreimal größer sind als jeder einzelne von uns. Ohne in Gigantismus verfallen zu wollen, wissen wir, daß größere Konzerne mehr finanzielle Ressourcen mobilisieren und Risiken und Kosten unserer Großprogramme besser auffangen können. Die Annäherung der drei europäischen Flugzeughersteller ist ein sehr komplexes Unterfangen, das auf beträchtliche Hindernisse stoßen wird, für unsere Industrie aber ein Gebot der Stunde ist.

In diesem Zusammenhang kann die geplante französische Fusion von Aerospatiale und Dassault der Entwicklung den Weg ebnen. Im Gegensatz zu Großbritannien und Deutschland gab es in Frankreich eine Trennung zwischen ziviler und militärischer Luftfahrt. Die unterschiedlichen Konzernstrukturen waren für die Kooperationen der europäischen Luftfahrtunternehmen ein Hemmnis. Ein Gemeinschaftsunternehmen aus Aerospatiale und Dassault wird British Aerospace und DASA ähnlicher sein als Dassault oder Aerospatiale allein. Für die europäische Perspektive ist dies ein äußerst positiver Umstand.

Die Fusion zwischen Aerospatiale und Dassault wird wahrscheinlich zu einer Kapitalöffnung von Aerospatiale führen. Hier zeigt sich ein Novum an Flexibilität, das bei diesen Annäherungen hilfreich sein kann. In dem großen europäischen Interessenspiel der Luft- und Verteidigungsindustrie findet sich die größte Affinität und Solidarität zwischen DASA und Aerospatiale, und es liegt an ihnen, gemeinsam die richtigen Initiativen zu ergreifen, die für den Zusammenschluß der europäischen Industrie notwendig sind.

Die Lösung dieser Aufgabe steht für die kommenden Jahre an. Sie ist von entscheidender Bedeutung für die Zukunft unserer Industrie in Europa.

Ich wiederhole noch einmal: Der Erfolg dieses Vorhabens wird sicherlich zum größten Teil davon abhängen, ob die deutsch-französische Partnerschaft auch in Zukunft die Initiative übernimmt und sich weiterhin solidarisch zeigt. Es liegt an jedem von uns - ob Unternehmer oder Politiker -, unser Augenmerk auf dieses Ziel zu richten.

Diskussion

Mittelsten Scheid: Herr Gallois, Sie haben anschaulich dargelegt, daß der französische Staat, was die Großindustrie betrifft, eine viel größere Rolle spielt als Deutschland und den Steuerzahler erheblich belastet. Sind die Schwierigkeiten, die Sie geschildert haben, Schwierigkeiten zwischen zwei Mentalitäten, einer deutschen und einer französischen, oder sind es Schwierigkeiten zwischen einem Staats- und einem Privatunternehmen?

Ich stelle nicht die Frage, ob in Europa industrielle Einheiten gebildet werden müssen, die starken politischen und nicht wirtschaftlichen Einflüssen ausgesetzt sind. Mich interessiert vielmehr die Privatindustrie: Gibt es zwischen Deutschland und Frankreich grenzübergreifende Hindernisse oder gibt es Schwierigkeiten, weil in Frankreich der Patron und die Hierarchie eine sehr viel größere Rolle spielen als in Deutschland? In Deutschland stehen die Mitarbeiter und die Teams, die sie bilden, im Vordergrund. Mich würde interessieren, wie Sie diese Unterschiede aus der Perspektive eines Großunternehmens, noch dazu eines sehr politisierten Unternehmens, sehen.

von Weizsäcker: Der große Konkurrent sitzt in den USA. Nun ist der schwache Dollar ein Ausdruck der mangelnden Wettbewerbsfähigkeit der amerikanischen Wirtschaft auf internationalen Märkten. Oder umgekehrt: Die starke D-Mark und der in ihrem Gefolge starke Franc sind Ausdruck der hohen Wettbewerbsfähigkeit der deutschen und der französischen Exportindustrie.

Es gibt hingegen die klassische Theorie vom komparativen Vorteil: Jede Volkswirtschaft sollte sich dort spezialisieren, wo ihre Stärke liegt, und das, worin sie nicht stark ist, aus dem Ausland zukaufen. Haben die Vereinigten Staaten im Bereich von Luft- und Raumfahrt nicht einen komparativen Vorteil, der damit zusammenhängt, daß sie in anderen Bereichen schwach sind? Kommt daher der schwache Dollar? Oder können wir hier eine Ausnahme, die ja auch für die Wirtschaftspolitik von Bedeutung wäre, konstatieren? Gibt es also über den marktwirtschaftlichen Wettbewerb hinaus Gründe, weshalb eine europäische Luft- und Raumfahrtindustrie existieren sollte? Das führt zu der Frage: Was sind über die direkte Schaffung von Arbeitsplätzen hinaus die wirtschaftlichen Vorteile für Europa, eine eigene Luft- und Raumfahrtindustrie zu haben?

Fröhlich: Herr Bischoff, Sie sagten, die europäische Luft- und Raumfahrt habe nur dann eine Zukunft, wenn die Politik die Weichen dafür stellt. Herr Gallois hat darauf hingewiesen, wie hilfreich es gewesen ist, daß Ministerpräsident Strauß den Airbus hochgezogen hat. Es ist richtig, in der gegenwärtigen Situation nach der Politik zu rufen, andererseits ist die Warnung angebracht, nicht auf ein politisches Unternehmen Airbus oder eine politische Luft- und Raumfahrt hinzuarbeiten, sondern auf einen gewinnorientierten Unternehmensverbund. In Deutschland wie auch in Großbritannien ist es schwierig gewesen, weg von der Politik zu kommen und mittels der Privatisierung hin zu einem wirtschaftlich erfolgreichen Unternehmen. British Aerospace ist heute ein effizienter, nützlicher und guter Partner.

Die Frage nach der Organisation eines so gigantischen Luftfahrtunternehmes wie der Aerospatiale hängt entscheidend von der Rechtsstruktur ab. Herr Bischoff hat deutlich gesagt, daß eine privatisierte Aerospatiale der beste Partner sei. Herr Gallois, wie verläuft in Frankreich die politische Diskussion darüber?

Bischoff: Ist der Gegensatz zwischen privatwirtschaftlich und staatlich oder sind kulturelle Unterschiede entscheidend? Ich habe deutlich zu machen versucht, daß wir letztlich eine politische Industrie sind. Das bedeutet, daß nationale Interessen immer wieder - nehmen Sie den Bereich der Verteidigung oder der öffentlich geförderten Raumfahrt - in die politischen Entscheidungen hineinspielen. Unsere Industrie ist nicht politikfrei. In unserer Zusammenarbeit machen sich gewiß auch kulturelle Unterschiede bemerkbar.

Selbstverständlich sind Aufgaben, die wir erledigen, teilweise nichts anderes als der industrielle Ausdruck eines Souveränitätsanspruchs, und jeder Wandel im Verständnis dieses Souveränitätsanspruchs hat Rückwirkungen. Deshalb bewegen wir uns eben nicht in einem politikfreien Raum.

Ich sehe zwei Punkte, warum die Luft- und Raumfahrtindustrie eine Sonderrolle spielt. Den ersten habe ich schon genannt: Sie ist Ausdruck des Souveränitätsanspruchs eines Staates oder eines Staatenbundes. Einige Positionen dürfen eben nicht aufgegeben werden, wenn man eine eigene Sicherheitspolitik verantworten will. In der zivilen Luftfahrt ist der Fall anders gelagert. Aber eine ganz enge Verbindung zwischen militärischer und ziviler Luftfahrt ist nun einmal nicht zu leugnen, wie am Beispiel der Boeing 707 deutlich wird: Die KC 135 bedeutete den Eintritt in die zivile Luftfahrt.

Ich glaube nicht, daß der komparative Vorteil naturgegeben ist. Der Militärhaushalt der USA ist doppelt so groß wie der Gesamteuropas. Darin läge zweifelsohne ein komparativer Vorteil. Wollen wir bestimmte Industriebereiche stärken, um zu verhindern, daß ein anderer ein Monopol aufbaut? Wir würden auch unter dem Monopol eines amerikanischen Herstellers im zivilen Flugzeugbau zu leiden haben. Hier hat der Wettbewerb funktioniert. Außerdem hat die Luft- und Raumfahrtindustrie eine Vielzahl externer Effekte. Was hat beispielsweise die Miniaturisierung in der Elektronik ausgelöst? Die Nachfrage nach Präzision, Miniaturisierung und Qualitätsstandards in der Luft- und Raumfahrtindustrie löst viele Effekte in anderen Industrien aus. Sie sind aber schwer meßbar.

Zur Problematik Politik und kommerzieller Verbund: Natürlich wollen wir mit dem Airbus einen kommerziellen Verbund erzielen, aber es gibt kein Luftfahrtunternehmen auf der Welt, das nicht auch von politischer, also staatlicher Technologieförderung lebt. Gleichzeitig können wir deswegen die privatwirtschaftlichen Spielregeln nicht außer Kraft setzen.

Gallois: Die kulturellen Unterschiede und auch die Souveränitätsansprüche lassen sich nicht leugnen. Doch im wesentlichen leiden wir unter dem extrem harten Druck, den unsere Mitbewerber auf den Märkten ausüben. Wir müssen Kostensenkung betreiben, die in

Europa schwerer umzusetzen ist als in den Vereinigten Staaten. Wir haben in Europa mit anderen Lobbies zu verhandeln. Das freie Spiel der Marktkräfte soll irgendwann das Gleichgewicht herstellen, theoretisch. Die Amerikaner sind stark, weil sie kompetent sind, aber auch weil sie währungspolitische Vorteile haben. Vergleicht man den Wechselkurs von Dollar, Franc und D-Mark, wird offensichtlich, warum wir einen so schweren Stand haben. Auch wenn ich grundsätzlich die Zukunft unserer Wirtschaft optimistisch sehe, so teile ich nicht den Optimismus meines Vorredners. Wenn die Wechselkurse so bleiben, wie sie sind, wird es auch weiterhin zur Verlagerung von Produktionsstätten kommen. Das wird sich sehr zu unserem Nachteil auswirken.

Unser Unternehmen ist aus einem politischen Willen heraus entstanden, und dem tragen wir Rechnung. Diese politische Dimension verliert jedoch so schnell an Bedeutung, daß ich persönlich den Eindruck habe, die amerikanische Luft- und Raumfahrtindustrie folgt heute mehr politischen Gesetzen als die europäische.

Wir wissen, daß wir rentabel arbeiten und das eingesetzte Kapital unserer Aktionäre entsprechend honorieren müssen. Insofern unterliegen wir den Gesetzen der Marktwirtschaft. Rentabilität ist auch die Voraussetzung für den Fortbestand einer Industrie.

Die Entscheidung über die Privatisierung von Aerospatiale liegt nicht in meinen Händen. Ich muß mich der Entscheidung unseres Hauptaktionärs beugen.

Wir streben die Privatisierung an. Diese ist im Juli 1993 beschlossen worden. Über die Umsetzung entscheidet die Kapitalausstattung unseres Unternehmens und auch die deutsch-französische Perspektive, die das Unternehmen hat.

Buhl: Wenn ich sehe, mit welcher Regelmäßigkeit die Russen Objekte in den Weltraum schicken, frage ich mich, ob die Westeuropäer das Rad, d. h. weitere Generationen von Trägersystemen, ständig neu erfinden müssen. Ich weiß, daß es Ansätze zu einer Kooperation zwischen der westeuropäischen und der russischen Raumfahrt gibt. Könnte diese aber nicht zum beiderseitigen Nutzen intensiviert werden? Den Russen brächte sie den Vorteil, daß sie die dringend benötigten Devisen verdienen und auch in der Lage wären, ihre armen Kosmonauten pünktlich aus dem Orbit zurückzuholen. Und die Westeuropäer könnten sich statt auf Trägersysteme auf Satellitensysteme und wiederverwendbare Systeme konzentrieren, also auf die nächste Generation.

Riesenhuber: Herr Gallois, Sie haben das Problem der Flugzeugmotoren überhaupt nicht angesprochen. Das ist ein Bereich, in dem die deutsch-französische Kooperation sich bisher nicht besonders hervorgetan hat. Im Bereich der Kurzstreckenflugzeuge und auch der Militärflugzeuge hat jeder bisher seine eigene Politik betrieben. Diese sollen nun zusammengelegt werden. Werden die Flugzeugtriebwerke aus dieser Kooperation ausgeschlossen bleiben, obwohl sie doch so eminent wichtig sind?

Wie schnell kann eine optimierte single company kommen? Wenn Sie hier eine Konkurrenz zum Jumbo aufbauen wollen, brauchen Sie schätzungsweise 8 bis 12 Milliarden Dollar. Die Chance, unter 8 Milliarden Dollar zu bleiben, ist ausschließlich bei einer single company gegeben. Die Wahrscheinlichkeit, über 12 Milliarden Dollar zu kommen, besteht, wenn die heutige Struktur fortdauert. Die Herren Gallois und Bischoff haben übereinstimmend den Willen ihrer Länder zum Ausdruck gebracht. Aber wie wird der Zeitplan aussehen?

Nur beiläufig ist auf den Forschungsbereich selbst hingewiesen worden. Herr Bischoff forderte die indirekte Förderung durch Technologieprogramme. Das entsprechende Programm der Bundesregierung liegt vor und wird derzeit diskutiert.

Wir geben fast so viel für Großforschungseinrichtungen in Deutschland aus wie für Luftfahrtprogramme mit direkter Finanzierung. Aber wir haben in Europa ein hohes Maß an Parallelarbeit. Trotz des Willens der Wissenschaft zur Zusammenarbeit gibt es nur punktuelle Kooperationen. Alle Großforschungseinrichtungen befassen sich mit Aerodynamik, aber nur wenige mit Navigation. Bringen wir das jetzt zusammen? Die Wissenschaft sagt: Nur wenn die Industrie sich entschließt. Die Industrie sagt: Nur wenn die Regierung grünes Licht gibt. Die Regierungen sagen: Nur wenn wir unsere autonome Verteidigungstechnik aufrechterhalten können und nicht solange die Industrie konkurriert. Wenn sich einer auf den anderen beruft, werden wir scheitern. Wie bekommen wir die Schlagkraft in der Wissenschaft, die wir brauchen?

Selmayr: Der bisherige Dialog galt einem faszinierenden Aspekt der europäischen Unternehmenskultur und Unternehmensstruktur, mit Erfolgsstories, die wir alle kennen. Wir wissen aber, daß das nur ein Aspekt einer Unternehmensstruktur ist. Wie denken Sie aus der Sicht der Großindustrie über die kleine und mittelständische Industrie? Ich brauche nicht auszuführen, welche Bedeutung sie für Stabilität, für Gesellschaftsstruktur und

Sozialpolitik hat. Meine Frage: Welche Chance geben Sie den kleinen und mittelständischen Betrieben im zukünftigen Europa? Haben sie unter Ihrer Hand nur noch eine Statistenrolle? Gedeihen Sie vielleicht in einer Nische? Haben sie eine regionale Bedeutung? Bleiben sie erhalten oder verschwinden sie?

Gallois: Rußland ist eine große Raumfahrtmacht, mit der wir zusammenarbeiten müssen. Wir sind auch dabei zu prüfen, welche Art von Übereinkommen wir mit den russischen Raketenproduzenten ins Leben rufen können. Wir wollen von den Kapazitäten der Russen profitieren und die unsrigen ergänzen. Es ist sehr wichtig, daß wir den Amerikanern nicht das Monopol überlassen, mit den Russen in der Raketentechnik zu kooperieren. Wir sollten unsererseits jedoch nicht auf die Trägerraketen verzichten, nur weil die Russen sie haben, denn die russischen Trägerraketen veralten langsam.

Bischoff: Zu der Frage nach der europäischen Kooperation im Triebwerkssektor: Wir haben es hier aus historischen Gründen mit transatlantischen Strukturen zu tun, nicht mit europäischen. Man kann das Rad der Geschichte nicht zurückdrehen. Es gibt keinen Zwang, alles zu europäisieren. Wenn Strukturen herrschen, die auch funktionieren, dann soll es so sein.

Zu dem großen Airbus für die Zukunft: Ja, wir müssen uns beeilen. Wir dürfen auch keine notwendige Kopplung sehen zwischen dem großen Flugzeugbau und der Neustrukturierung von Airbus. Wir sind durchaus in der Lage, innerhalb der gegebenen Strukturen ein solches Flugzeug zu entwickeln, das dann in die zukünftige Airbus-Struktur überführt würde. Wir müssen hier trennen, denn ich befürchte, daß unsere Restrukturierung länger braucht, als wir Zeit hätten, dieses Flugzeug zu bauen.

Unsere Aufgabe kann nur sein, Systemführer zu werden. Ich wende mich immer dagegen, daß wir kleine und mittelständische Unternehmen zum allein selig machenden Prinzip in der Marktwirtschaft erheben. Es muß immer eine gesunde Mischung geben. Natürlich haben Großbetriebe die Neigung, in der Wertschöpfung zu tief zu gehen und ihre Kernfähigkeiten aus den Augen zu verlieren. Wir brauchen ein vernünftiges Miteinander, beginnend bei den Forschungseinrichtungen, den Instituten der Hochschulen bis zu den staatlichen Organen. Wir haben in der Luft- und Raumfahrtindustrie Leitlinien für die Zusammenarbeit der Forschungsinstitute der Hochschulen und der Privatwirtschaft durchaus erfolgreich entwickelt.

Hilmar Kopper und
Philippe Séguin

Philippe Séguin

Warum Frankreich Europa will

»Europa wohin?« Die Frage trägt ihren Sinn in sich selbst. Allein die Tatsache, daß wir sie überhaupt stellen ... Vor einigen Jahren wäre es kaum jemandem in den Sinn gekommen, die Frage überhaupt in die Debatte zu werfen. Die Dinge schienen sich von selbst zu entwickeln. Allein die Fragestellung zeigt, wie sich die Lage verändert hat. Europa steht zur Debatte - im eigentlichen wie im übertragenen Sinn. Wenn wir aber an Europa glauben, dann ist es höchste Zeit, geradewegs und ohne irgendwelche Ausflucht den Tatsachen ins Auge zu sehen.

Die Frage beinhaltet die Feststellung: »Frankreich will Europa«. Aber von mir will man nun wissen: »Warum?«

Der einzige Weg, das Problem anzugehen und eine so vielschichtige und noch dazu widersprüchliche Materie anzugehen, ist, die Politik wieder in ihr Recht einzusetzen. Sie hätte gar nicht erst aus der europäischen Debatte verdrängt werden dürfen. Europa will jeder. Aber dieses Europa wird nur entstehen, wenn es den Erwartungen der Nationen, der Völker, also der Männer und Frauen entspricht. Sie müßten befragt werden - in der gebotenen Ehrlichkeit.

Frankreich will Europa, fest und entschlossen. Ich glaube aber nicht, daß es irgendein beliebiges Europa will, gar eines, das seine eigenen Werte verleugnet;

eines, das sich auf die Bündelung wirtschaftlicher Interessen beschränkt, oder eines, das sich von fremden Kräften überrollen läßt.

Ich behaupte nicht, im Namen Frankreichs zu sprechen. Ich gebe meiner eigenen Überzeugung Ausdruck. Doch darin spiegelt sich, wie ich meine annehmen zu dürfen, die öffentliche Meinung Frankreichs. Schließlich gibt es auch eine Konstante in den Positionen wechselnder Regierungen.

Mir scheint, daß wir Franzosen von drei gemeinsamen Grundsätzen ausgehen.

Das Europa, das Frankreich will, ist ein verantwortungsbewußtes Europa. Es entsteht und funktioniert demokratisch und bewahrt seine Vielfalt.

Das Europa, das Frankreich will, ist ein Europa, das nach und nach den gesamten Kontinent einbezieht. So versetzt es sich in die Lage, allen seinen Völkern Stabilität und Wohlstand zu gewährleisten.

Das Europa, das Frankreich will, ist ein Europa, das sein Gewicht in der Welt ausspielt. Das setzt voraus, daß es eines Tages die Fähigkeit erlangt, selbst für seine Sicherheit aufzukommen und für sein eigenes Gesellschaftsmodell einzustehen.

Über diese drei Grundsätze werde ich sprechen.

Frankreich will ein demokratisches Europa

Erster Grundsatz also, Europa muß demokratisch sein. Das versteht sich von selbst, wird man einwenden. Vielleicht, jedenfalls sind wir noch weit davon entfernt. Jeder, oder fast jeder, stellt heute fest, daß Europa ein demokratisches Defizit aufweist. Es geht nicht darum, an den Pranger zu stellen, wer das System ins Werk gesetzt hat, das wir kennen. Es ist die Frucht einer Entwicklung, die ihre historische Berechtigung hat. Eine Entwicklung, die wahrscheinlich zwangsläufig war.

Anfangs wurde der Aufbau Europas mit den Mitteln betrieben, die zu den damaligen Zielen paßten. Die langfristigen Ziele waren zwar politischer Natur, aber angesichts der Wunden, die der Krieg geschlagen hatte, hätten sie, allzu deutlich ausgesprochen, schrecklichen Streit in den noch immer durch den Krieg sensibilisierten Ländern ausgelöst. Zu Beginn der 50er Jahre ein politisches Ziel zu verfolgen wäre selbstmörderisch oder zumindest verfrüht gewesen. Soweit waren die Völker damals noch nicht. Einen eklatanten Beweis lieferte das Scheitern der Europäischen Verteidigungsgemeinschaft im Jahre 1954.

Es mußten also andere Wege beschritten werden. Man wählte einen technischen Ansatz. Die Gefahr, in die Technokratie abzugleiten, war damit von Anfang an gegeben. Heute wissen wir leider, daß dieser Gefahr nicht gewehrt wurde. Das ursprüngliche Konzept, das ich als ein technisches einordnen möchte, gründete in der geheimen Hoffnung, daß gegen Ende des Jahrhunderts sich die Nationalstaaten gegen die Macht des Faktischen nicht mehr würden behaupten können und daß aus dem Europa der Wirtschaft und des Handels das politische Europa hervorgehen werde.

Zunächst wurde das Programm, wie vorgesehen, umgesetzt und das Europa des Gemeinsamen Marktes schrittweise erweitert. Die Einheitliche Akte von 1987 und der Vertrag von Maastricht im Jahre 1992 setzten den Weg der wirtschaftlichen Integration fort. Aber der krönende Abschluß dieses Weges, im Vertrag von Maastricht ausdrücklich vorgesehen, wurde nicht erreicht. Die nationale Wirtschaftspolitik gilt fort. Ihrer Überwindung stehen Hindernisse entgegen, die durch Ausflüchte und Leugnen nicht mehr aus der Welt geschaffen werden können. Es ist klar, daß die traditionellen Methoden heute überholt sind. Europa hat den kritischen Punkt erreicht, von wo aus es auf neuen Grundlagen voranschreiten und nach neuen Methoden funktionieren muß. Europa muß endlich eine echte politische Dimension erhalten. Dies ist der einzige Weg, das berühmte demokratische Defizit zu verringern. Es ist unter allen Defiziten das besorgniserregendste. Anders ausgedrückt, der technische Ansatz war die Voraussetzung dafür, daß Europa überhaupt in Gang kam. Heute besteht die Gefahr, daß derselbe Ansatz seinen Niedergang einläutet. Die Zeit ist gekommen, den politischen Weg zu beschreiten. Einen Weg, der vor 40 Jahren gefährlich war, aber heute unumgänglich ist.

Jetzt ist es Zeit, die Politik wieder in ihre legitimen Rechte einzusetzen und dem Willen der Völker Tribut zu zollen.

Darum ging es in der Debatte, die sich um die Ratifizierung des Vertrags von Maastricht entsponnen hat. Soll man wirklich die Völker außer acht lassen und sich in die institutionelle Sackgasse begeben? Was müßte man tun, wenn die Wirtschafts- und Währungsunion zu Lasten der politischen Union betrieben würde? Sollte man wirklich die Arbeitslosigkeit, die Wachstumsschwäche und die zu geringen Investitionen ignorieren? Sollte man die tiefgreifenden Umwälzungen in Osteuropa übersehen und die Debatte über Maastricht selbst unter der Decke halten?

Diese Befürchtungen, die ich aufgegriffen habe auch auf die Gefahr hin, nicht richtig verstanden zu werden und zu Unrecht als Antieuropäer zu gelten, waren leider nicht unbegründet.

Heute müssen wir, was die europäische Integration betrifft, zweierlei tun. Wir müssen die Art überprüfen, in der sie betrieben wird, und zugleich die Funktionsweise demokratisieren. Europa kann nicht mehr die Sache von Ministern und Kommissionsmitgliedern sein.

Es stellt sich also die Frage, nach welchem institutionellen Modell wir verfahren sollen. In diesem Punkt gehen die Meinungen auseinander. Im Klartext, es besteht ein grundlegender Unterschied zwischen dem föderalen Modell, das einigen Ländern vorschwebt, und dem Modell, das die Rolle der Staaten betont und das die Franzosen in aller Regel bevorzugen.

Die unterschiedlichen Standpunkte lassen sich erklären. Ich werde Ihnen meine Sicht der Dinge darlegen. Deutschland hat seine nationale Einheit später vollendet als Frankreich, nämlich erst in der zweiten Hälfte des 19. Jahrhunderts. Daraus resultiert in Ihrem Land ein anderes Nationalgefühl als in Frankreich. Es gründet weitgehend in einer kulturellen oder gar ethnischen Gemeinschaft, wie Ihr Staatsangehörigkeitsrecht bezeugt. Unser Nationalgefühl ist politischer und institutioneller Natur. Langsam und erst im Laufe der Jahrhunderte hat es sich herausgebildet und schließlich im Staat Gestalt angenommen. Diese Identität von Nation und Staat kennen Sie nicht.

Auch im Hinblick auf die demokratische Erfahrung unterscheiden wir uns. Ich möchte auf eine frühere Analyse Peter Druckers zurückkommen, derzufolge demokratische Institutionen in Frankreich und Großbritannien von Nationen geschaffen wurden, die schon Bestand hatten. In Deutschland und Italien ist die Geschichte anders verlaufen. Hier wurden Demokratie und seltsamerweise auch deren Institutionen als Mittel zum Zweck der nationalen Einheit ebenso betrachtet wie als Selbstzweck. Diese Unterschiede muß man kennen und doch zugleich die Demokratie im Herzen der europäischen Institutionen befördern - pragmatisch und entschlossen.

Frankreich möchte den Europäischen Rat wie den Ministerrat zu tragenden Säulen der Union machen. Das bedeutet, daß die europäischen Gipfeltreffen regelmäßiger als bisher stattfinden und der Ministerrat mit einer festen Struktur ausgestattet wird. Wenn beispielsweise die ständigen Vertreter der Staaten in den Rang ordentlicher Minister ihrer jeweiligen Regierungen erhoben und ihnen weitgehende Vollmachten eingeräumt würden, wäre manches gewonnen.

Vor allem kommt es darauf an, daß das Europäische Parlament sein Gewicht nicht gegen die nationalen Parlamente ausspielt, sondern sich komplementär zu diesen verhält. Man kann sich in der Tat nur schwer vorstellen, daß in absehbarer Zukunft das Europäische Parlament allein demokratische Legitimität verkörpert, die bleibt vorrangig den nationalen Parlamenten vorbehalten.

In Frankreich vertreten wir die Meinung, daß Europa so nah am Bürger wie irgend möglich gebaut werden muß. Deshalb müssen die nationalen Parlamente die Hauptakteure im Diskussions- und Entscheidungsprozeß werden. Zwei grundlegende Fragen sollten im Rahmen der Regierungskonferenz behandelt werden. Zwei

Fragen, auf die, wie ich befürchte, eine ehrliche Antwort nicht zu bekommen sein wird.

In erster Linie geht es um das Prinzip der Subsidiarität und die Art und Weise, in der dieses umgesetzt wird. Es ist ja im Vertrag von Maastricht verankert. Die zuständigen Ausschüsse der französischen Nationalversammlung haben vorgeschlagen, daß sich die nationalen Parlamente das Prinzip der Subsidiarität zu eigen machen. Die Subsidiarität ist nämlich nicht die Frage eines Rechtsanspruchs, sondern eines Sachverhalts. Von Fall zu Fall muß entschieden werden, ob Initiativen wirklich nur auf dem Weg über die Gemeinschaft eingeleitet werden können. Es ist jeweils eine praktische Frage und kein juristisches Problem. Schon gar nicht obliegt die Lösung irgendeinem Gericht. Allein die nationalen Parlamente können über ein Prinzip wachen, das für das Leben der Völker so entscheidend ist. Sie allein sind dazu legitimiert.

Zum Zweiten geht es um die Abstimmungsmodalitäten innerhalb der europäischen Institutionen. Sie sind von entscheidender Bedeutung. Die generelle Einführung von Mehrheitsvoten würde die Effizienz des Rates zweifellos steigern, vorausgesetzt, daß die Staaten gemäß der Bevölkerungszahl vertreten sind.

Ich spreche nicht von der Kontrolle der Währungs- und Geldpolitik, wie die künftige Europäische Zentralbank sie ins Werk setzt. Selbstverständlich muß eine wirksame politische Kontrolle gewährleistet sein.

Eines ist sicher: Je mehr die Völker das Gefühl haben, daß sie ernst genommen werden, desto besser funktionieren die Institutionen. Europa kann nicht gebaut werden, ohne dem Nationalbewußtsein und der Geschichte der einzelnen Völker Rechnung zu tragen. Insoweit ist die Krise um den Rinderwahnsinn exemplarisch – bis ins kleinste Detail. Es muß unbedingt ein Gleichgewicht gefunden werden zwischen den Erfordernissen der gemeinschaftlichen Disziplin und dem Respekt vor der nationalen Souveränität. Wie sagte doch vor einigen Monaten Lord Dahrendorf in einer großen deutschen Zeitschrift: »Wenn Deutschland sich wiedervereinigen will, wird es sich wiedervereinigen. Wenn England einen Falklandkrieg führen will, wird es einen Falklandkrieg führen. Wenn Frankreich Atomversuche durchführen will, wird es Atomversuche durchführen. Kein Mehrheitsvotum des Rates der EU wird diese Staaten davon abhalten, das zu tun, was sie als ihr nationales Interesse betrachten.«

Die Demokratisierung der europäischen Institutionen ist also nicht nur eine Frage des Prinzips oder der politischen Moral, sondern eine von Realismus diktierte Notwendigkeit. Und gerade im Namen des Realismus, mindestens ebenso wie im Namen seiner eigenen Werte, will Frankreich ein wahrhaft demokratisches Europa.

Frankreich will ein Europa des ganzen Kontinents

Das Europa, das Frankreich will, ist auch ein Europa, das den gesamten Kontinent umfaßt.

Das mindeste, was man sagen kann, ist, daß die Welt sich in den vergangenen sieben Jahren verändert hat und daß Europa vor ganz anderen Herausforderungen steht als in den Gründungsjahren der Gemeinschaft.

Bislang leitete Europa sein Selbstgefühl und seine internationale Geltung fast mechanisch aus der Konfrontation der Blöcke her. Das geradezu plötzliche Verschwinden dieses bedrückenden aber übersichtlichen Systems internationaler Beziehungen - übrigens war diese Entwicklung von General de Gaulle, der ein sehr tiefes Verständnis von der europäischen Geschichte hatte, vorausgesagt worden - hat die Gegebenheiten radikal verändert, selbst wenn die Verfasser des Vertrags von Maastricht es nicht bemerkt zu haben scheinen.

Die sowjetische Bedrohung ist gewichen, die Demokratie hat überall in Osteuropa Einzug gehalten, Finnland, Schweden und Österreich konnten problemlos der Europäischen Union beitreten, und vor allem hat Deutschland sich wiedervereinigt. Selbst der schreckliche Krieg, der das ehemalige Jugoslawien mit Ruinen übersät hat, konnte diese große historische Wende nicht in Frage stellen. Sie beschert den Völkern Osteuropas die politische, wirtschaftliche und kulturelle Wiedervereinigung mit dem Westen.

Die Länder Mittel- und Osteuropas gehören zum gleichen geographischen Raum wie wir, und sie haben fast die gleichen Interessen wie wir. Dies allein wäre schon ein Grund, sie in absehbarer Zeit in die Europäische Union aufzunehmen. Indes, sie müssen nicht nur aus historischen oder emotionalen Gründen aufgenommen werden, sondern weil das gebieterische Interesse an der Stabilität des Kontinents es so will.

Auch hier tritt der Realismus an die Stelle der Geschichte und der Macht der Gefühle. Für Frankreich ist die schnellstmögliche Heimkehr der osteuropäischen Staaten nach Europa unerläßlich. Unerläßlich für Frieden und Wohlstand.

Die ersten Handelsabkommen zwischen der Gemeinschaft und den Staaten Osteuropas sind wie eine Alternative zum Beitritt gehandhabt worden. Folglich entbehrten sie des Ehrgeizes. Erst im Juni 1993 hat der Europäische Rat auf seiner Sitzung in Kopenhagen eine Integrationsstrategie entworfen, die schlichte Hilfe im Übergang gehörte nun der Vergangenheit an. Heute erwarten diese Staaten ein klares politisches Engagement von der Europäischen Union und einen genauen Zeitplan. Ich habe kürzlich Mitteleuropa und den Balkan bereist und war beides – beeindruckt und erschrocken. Beeindruckt haben mich der Mut und die Anstrengungen dieser Völker, die ihre Freiheit wiedererlangt haben und nun mit ungeahnter Energie Wohlstand und sozialen Zusammenhalt wiederherzustellen suchen. Erschrocken war ich jedoch über die Schwierigkeiten, die Ängste und die möglichen Unruhen, denen sie sich ausgesetzt sehen. Denn die Freiheit ist wert- und wirkungslos, wenn sie in einer armen und gespaltenen Gesellschaft Wurzeln schlagen soll. Wenn wir nicht auf diese Völker zugehen und uns nicht entschlossen für ihre Integration in die Europäische Union einsetzen, dann wird ihre Enttäuschung so groß sein wie die Hoffnung, die sie in uns gesetzt haben. Und sie werden den schlimmsten extremistischen Versuchungen zu erliegen drohen.

Dann soll niemand kommen und sagen, unsere europäischen Institutionen könnten sie in ihrer »jetzigen Verfassung« nicht aufnehmen. Die Aufgabe der Regierungskonferenz besteht gerade darin, für eine entsprechende Ausgestaltung dieser Institutionen zu sorgen.

Auch soll niemand kommen und sagen, die Europäische Union müsse sich zwangsweise auf die Länder beschränken, die den gleichen Entwicklungsstand aufweisen. Wie hätte man, um in dieser Logik zu bleiben, seinerzeit Griechenland, Spanien und Portugal integrieren können? Für die europäischen Gründerväter, wenn ich darauf hinweisen darf, sind die Zugehörigkeit zum Kontinent, die Verpflichtung auf die Demokratie und der Wille, an einem großen gemeinsamen Vorhaben teilzuhaben, die einzigen wahrhaft stichhaltigen Beitrittskriterien gewesen. Auf immer und ewig einen »Club der Reichen« gründen, nein, das wollten sie nicht. Sie hatten ein großes solidarisches und friedfertiges Europa im Sinn, ein Europa, das aufblühen würde, eben weil es solidarisch und friedfertig war.

Auch insoweit zeigt sich, daß das institutionelle Europa sich nicht ausreichend hat weiterentwickeln können. In den Römischen Verträgen sind Institutionen für sechs Länder vorgesehen worden, die eine vergleichbare Bedeutung hatten: Frankreich, Deutschland, Italien und Benelux. Von dem Augenblick an, als das politische Vorhaben Gestalt annahm, ließ die Erweiterung sich nicht aufhalten. Die Entscheidungsprozesse wurden jedoch nicht entsprechend angepaßt, und man hat für neun und später für fünfzehn Mitglieder die gleichen Verfahren angewandt wie früher für sechs.

Nun soll Europa noch weit größer werden. Wenn es aber seine interne Funktionsweise dem nicht anzupassen weiß, wird es zur Ohnmacht verurteilt sein und einen Vertrauensverlust erleiden.

Es versteht sich von selbst, daß infolge der schweren wirtschaftlichen und sozialen Probleme, die viele dieser Länder haben, und auch infolge der Anpassungen, die sie nach mehreren Jahrzehnten Zwangsherrschaft vornehmen müssen, schrittweise und in Etappen vorgegangen wird. Der Weg muß jedoch vorgegeben werden, ohne Wenn und Aber und mit klarer Willensbekundung. Ich möchte hinzufügen, daß er beschritten werden muß, wenn Europa sich in der Welt behaupten will. Daß es das tue, ist jedenfalls der Wunsch Frankreichs.

Frankreich will ein Europa, das sein Gewicht in der Welt wahrnimmt

Das Ziel ist ehrgeizig und der Einsatz groß, den die Staaten Europas ohne Ausnahme wagen müssen. Tatsächlich sind wir noch weit entfernt von diesem ehrgeizigen Ziel. Ja, wir sind ihm noch nicht einmal nahe gekommen. Von Frankreich aus gesehen wirkt Europa passiv, als lasse es die Dinge über sich ergehen, anstatt sie zu gestalten.

Mit der Globalisierung der Wirtschaft bezeichnen wir den Abbau der Handelsschranken, die Liberalisierung des Kapitalverkehrs und die Entwicklung der Finanzmärkte. Diese Globalisierung wurde einmal als Triumph der unsichtbaren Hand begrüßt, geeignet, die beste aller Welten zu schaffen. Die einschlägige öffentliche Meinung zeigt sich heute besorgt, auch realistisch. Die wechselseitigen und unübersehbaren Verflechtungen, die destabilisierenden Wirkungen der Kapitalmärkte, die Ohnmacht einer nationalen Politik und die zahllosen Widersprüche des Systems, das alles wird heute deutlich wahrgenommen. Europa und seine Institutionen begegnen dieser Globalisierung weder entschlossen noch mit irgendeinem eigenen Antrieb. Sie erleiden sie, statt sie zu steuern, und das, obwohl die Europäische Union weltweit die größte Wirtschaftsmacht bildet. Die Ideologie von der Befriedigung des Verbrauchers war alles. Darüber hat man vergessen, daß der auch ein Arbeitsloser sein kann.

Auch hier hat sich das Umfeld gewandelt. Der unaufhaltsame Anstieg der Arbeitslosigkeit, die Verlangsamung des Wachstums, der Stillstand und sogar Rückgang der Bevölkerungszahlen und die Explosion der Gesundheitskosten sind Zeichen, daß Europa nicht mehr als Quelle des Wohlstands betrachtet wird.

Die politischen Reaktionen sind diesen Entwicklungen allerdings nicht angemessen gewesen. Im Gegenteil, Europa hat sich im Laufe der letzten Jahre passiv verhalten. Passiv gegenüber unlauterem Wettbewerb, der durch die Anarchie der Wechselkurse noch verschärft wurde, davon profitierten wiederum die Schwellenländer. Passiv gegenüber dem Druck der Kapitalmärkte, den Europa als unausweichlich betrachtete; dieser Druck macht eine selbstverantwortliche nationale Politik zunichte. Passiv auch gegenüber dem Ungleichgewicht der Mächte innerhalb der Weltwirtschaft. Hier haben wir es mit einer Realität zu tun, die durch die GATT-Verhandlungen in trauriger Weise belegt und in Frankreich nachhaltig registriert wurde. Die Amerikaner haben ihre Forderungen weitgehend durchsetzen können.

Immer wieder erfahren wir die Schwächen und die Gefahren eines technokratischen Ansatzes. Das Beispiel der gemeinsamen Währung, die keinesfalls auf eine unter vielen technischen Maßnahmen reduziert werden darf, ist äußerst lehrreich.

Man wollte tatsächlich der gemeinsamen Währung einen Wert an sich unterlegen. Das erklärt, angesichts der praktischen Schwierigkeiten bei der Umsetzung, die gegenwärtigen europäischen Wirren. Die Währung ist aber nichts anderes als ein Werkzeug! Sinn hat sie nur, wenn sie in Beziehung steht zu einer Macht, die ihrem Wesen nach politisch ist. Kurzum, eine Macht ist man oder ist es nicht. Um es noch deutlicher zu sagen: Die gemeinsame Währung hat nur dann eine Berechtigung, wenn sie Reservewährung wird und wenn eines Tages die Europäer damit genau so lässig umgehen können, wie es die USA mit ihrer Währung tun . . .

Wenn wir Europa aus der gegenwärtigen Sackgasse herausführen wollen und es sich auf der internationalen Bühne behaupten soll, gilt es, den gleichen politischen Willen aufzubringen, den Frankreich in Hinblick auf die Demokratisierung der Institutionen oder die Erweiterung der Union aufgebracht wünscht.

Voraussetzung ist die Sicherheit. Sie ist das Fundament für jedes große gemeinsame politische Vorhaben. Dieser einen Notwendigkeit hat Frankreich, angesichts seiner bitteren Kriegserfahrungen, stets größte Bedeutung beigemessen. Aber ich wiederhole noch einmal, das Umfeld hat sich gewandelt, wir leben nicht mehr im Kalten Krieg und nicht mehr in einer Zeit, in der eine Europäische Verteidigungsgemeinschaft erdacht worden ist. Wir müssen uns, ohne jede Skrupel, von der Erbsünde reinwaschen, die Europa in den Kriegen der Vergangenheit gleichsam auf sich geladen hat. Vorrangig ist nun die Schaffung eines umfassenden Sicherheitssystems. Es muß für den gesamten Kontinent gelten und sowohl den Erwartungen Mittel- und Osteuropas als auch dem legitimen Interesse Rußlands gerecht werden. Rußland will nun einmal nicht abseits stehen.

Dieses Ziel ist sehr ehrgeizig. Deshalb muß die europäische Verteidigung schon jetzt ein Anliegen der WEU werden und die Rolle der KSZE auf dem Gebiet der Konfliktverhütung und des Krisenmanagements gestärkt und die Atlantische Allianz erneuert werden. In diesem Zusammenhang machen sich so manche klugen Geister lustig über die angebliche Rückkehr Frankreichs in den Schoß der NATO; man sagt, sie gehe zur Zeit vonstatten. Diese klugen Geister möchte ich aber noch einmal auffordern, die Welt, die uns umgibt, mit offenen Augen anzuschauen. Diese Welt hat sich verändert, sogar erheblich verändert. Gefährlich ist sie immer noch, allerdings sind die Gefahren heute anderer Natur als früher. Die Atlantische Allianz ist ein Werkzeug, das ebenfalls angepaßt werden und eine neue Aufgabe für ein starkes, geeintes und geachtetes Europa finden muß. Frankreich möchte handeln und eine Entwicklung fördern, an deren Ende eine echte Europäische Verteidigung steht. Europa muß mindestens in der Lage sein, seine inneren Konflikte selbst zu lösen.

Europa muß in die politische Offensive gehen - nach jahrzehntelanger Defensive unter dem amerikanischen Schutzschirm. Andernfalls besteht die Gefahr, daß durch die herausragende Vormachtstellung der USA Europa seiner eigenen Handlungsspielräume beraubt wird - diplomatisch, wirtschaftlich und währungspolitisch. Die Art und Weise, wie die USA die internen Konflikte Europas regeln oder zu regeln versuchen, ist enthüllend. Man hat es im ehemaligen Jugoslawien gesehen, aber auch in Irland und anderswo.

Für Frankreich ist der Aufbau einer neuen europäischen Sicherheitsarchitektur die Voraussetzung für die internationale Anerkennung der Europäischen Union. Allerdings müssen wir dann auch ein Gesellschaftsmodell haben, das wir verbreiten wollen. Macht ist nicht nur eine Frage militärischer Stärke oder handelspolitischer Dynamik. Wir brauchen Ausstrahlung, wir brauchen ein Gesellschaftsmodell und eine Zukunftsvision, die wir mit anderen teilen möchten.

Zu diesem Zweck muß Europa sich seiner eigenen Persönlichkeit und seiner wahren Werte bewußt werden. Es hat nun einmal nicht die gleichen Bezugspunkte wie Amerika. Die Vereinigten Staaten sind ein junges Land und haben ihre Dynamik und ihren Erfolg aus der Übersteigerung von Kreativität und individuellem Erfolg bezogen. Asien hingegen, eine alte Kultur wie die unsrige, stellt die konfuzianischen Werte in den Vordergrund; die Freiheit des Individuums gilt weniger als die Pflichten gegenüber der Allgemeinheit. Dabei kommen so überraschende Experimente wie die »sozialistische Marktwirtschaft« in China heraus.

Europa hat in der Tat andere Bezugspunkte. Davon sind wir zumindest in Frankreich überzeugt, dem Land, das seit Menschengedenken am europäischen Abenteuer teilhat. Angesichts der dramatischen Arbeitslosigkeit, die in allen unseren Ländern herrscht, sagen wir nein zu der Verarmung, der die Arbeitnehmer ausgesetzt sind und die durch eine hemmungslose Deregulierung noch gefördert wird. Es gibt andere Möglichkeiten als die ebenso kurzfristige wie kostspielige Verwaltung des Arbeitslosenheeres. Man sagt, es zu verkleinern, sei unmöglich. Das ist es nicht. Aber die Lösungen werden europäisch sein, vorausgesetzt wir respektieren unsere eigene Identität und bleiben uns selbst treu.

Die Solidarität gehört zu den ältesten europäischen Werten. An der Wurzel unserer Kultur steht, vielleicht aufgrund ihrer christlichen Ursprünge, der Gedanke, daß man dem Schicksal der Benachteiligten nicht gleichgültig gegenüberstehen und den Nächsten nicht am Wegesrand zurücklassen dürfe. Diese Überzeugung hat ihren konkreten Niederschlag in den sozialen Sicherungssystemen gefunden. Die soziale Sicherheit ist eine europäische Einrichtung, und gerade Deutschland war hier Vorreiter. Mit der sozialen Marktwirtschaft und der Mitbestimmung hat Deutschland auf den Ruinen des Krieges ein Modell sozialer Beziehungen aufzubauen gewußt, von dem eine starke Anziehungskraft auf die anderen Nationen ausging. Es ist ein Modell, das Karl Lamers erst kürzlich als ein »durch starke soziale Sicherung abgemildertes liberales System« definiert hat. Und vergessen wir nicht Großbritannien, das auf der Grundlage des Beveridge-Reports so manche Initiative im Ausland beeinflußt hat. Der Wohlfahrtsstaat wird unter Hinweis auf einige Auswüchse jetzt häufig in Frage gestellt. Darüber aber sollten wir nicht seine Segnungen vergessen - die vergangenen wie die künftigen.

Täuschen wir uns dennoch nicht: Heute steckt der Wohlfahrtsstaat in allen seinen Formen in der Krise. Das französische System der sozialen Sicherung, das die Speerspitze der stillen Revolution der Nachkriegszeit gebildet hat, muß unter schwierigen Bedingungen reformiert werden. Das weckt vielfache und ehrliche Ängste, wie die Vorgänge im November und Dezember letzten Jahres gezeigt haben. Auch Deutschland ist nicht frei von Zweifeln, es erlebt, wie Breschen geschlagen werden in die soziale Sicherheit.

Wir sollten meines Erachtens zwei Lehren ziehen. Zunächst einmal dürfen wir unsere Werte und Traditionen nicht verleugnen. Europa darf nicht allein den wirtschaftlichen Eliten nutzen. Es muß Werte verteidigen dürfen, in denen seine sozialen Strukturen gründen. Die Europäer werden keine Opfer für ein Europa bringen, das nicht durch Wachstum und Wohlstand geprägt ist, sondern durch Arbeitslosigkeit.

Zweitens müssen wir, mit vereinten Kräften, die Reformen durchführen, die ein Gesellschaftsmodell befördern helfen, das den überkommenen Werten treu bleibt und zugleich den heutigen wirtschaftlichen Gegebenheiten wie den Erwartungen der Völker gerecht wird. Auf dem Wege über Reformen gilt es, das Problem der massenhaften und strukturellen Arbeitslosigkeit zu lösen. Wenn die herkömmlichen Instrumente nicht mehr greifen, liegt hier nicht die wesentliche Aufgabe? Hier stehen wir vor einer Aufgabe, die vordringlich ist und der wir uns in Frankreich ganz besonders bewußt sind. Wenn die Bürger Europas nicht das Gefühl haben, daß Europa für sie da ist, werden sie nicht für Europa da sein. Sollte Europa wirklich die Werte der Solidarität vernachlässigen und sich angesichts der weltweiten wirtschaftlichen Umwälzungen zu passiv verhalten, wird es wahrscheinlich mitsamt seinen demokratischen Werten auf Ablehnung stoßen. Unsere gemeinsamen Erfahrungen sind insoweit reich an Lehren. Wir dürfen sie nicht vergessen.

Frankreich ist seit Jahrhunderten eine politisch verfaßte Nation. Es weiß, daß sich die Welt wandelt und viele Dinge nicht mehr auf nationaler Ebene verwirklicht werden können. Deshalb will Frankreich Europa mit aller Entschiedenheit. Allerdings muß dieses Europa auch wesentlichen Gewinn für Frankreich bringen, einen Gewinn, der mehr zählt als bloße wirtschaftliche Chancen: den wahren Fortschritt also.

Frankreich ist der Demokratie verpflichtet und will ein Europa, demokratisch verfaßt und demokratisch funktionierend. Frankreich glaubt an die Geschichte und ihre Lehren: Es will ein Europa, das dieser Geschichte gerecht wird und den gesamten Kontinent umfaßt. Schließlich glaubt Frankreich an Größe. So will es ein Europa, das Gewicht in der Welt hat und sein eigenes Leitbild den anderen Völkern anbieten kann.

Im Unterschied zu Deutschland will Frankreich kein föderales Europa. Es würde unserer Meinung nach und unter den heutigen Gegebenheiten von den Völkern abgelehnt werden. Sie bleiben Nationen mit ausgeprägter eigener Identität. Frankreich glaubt jedoch, daß es mit Deutschland zusammen Europa bauen kann. Dieses Europa steht für ein großes und einzigartiges und ehrgeiziges Vorhaben. Es kann die Bürger gewinnen. Das gute Einvernehmen zwischen unseren beiden Völkern ist die wichtigste Voraussetzung dafür, daß der Aufbau Europas wieder nachhaltig in Schwung kommt.

Einer unserer Schriftsteller, André Maurois, hat geschrieben: »Um zu einer politischen Einigung Europas zu gelangen, ist es weder nützlich noch wünschenswert, daß die Franzosen aufhören, Franzosen zu sein, oder die Deutschen aufhören, Deutsche zu sein; es genügt, wenn alle Nationen Europas wissen, daß die verbindenden Elemente stärker sind als die trennenden.«

Diskussion

Riedel: Wir haben mit großer Befriedigung gehört, daß Sie politische Akzente setzen. Gleichzeitig haben Sie davon gesprochen, daß es mit dem Zusammenbruch des sozialistischen Systems im Osten zu einer kulturellen Wiedervereinigung kommen müsse, nicht zuletzt deshalb, weil Europa vielfältiger geworden ist. Bestimmte Wurzeln, bestimmte Welten, bestimmte Zeiten, die zu Europa gehören, sind erst mit dem Jahre 1989 zu uns zurückgekehrt.

Als General de Gaulle in den 60er Jahren vom Europa der Vaterländer sprach, hat man das in Deutschland nicht verstanden. Man war am angelsächsischen Kulturraum orientiert und wußte nicht, daß de Gaulle eine Wahrheit aussprach, die schon im Zeitalter des Frühhumanismus ausgesprochen wurde. Im Zeitalter des Humanismus ist Europa zum erstenmal als, wie Sie es ausgedrückt haben, Eigenpersönlichkeit entdeckt worden. Das geschah nach dem Zusammenbruch des byzantinischen Reiches, als sich die Lage für Europa, für Westeuropa, neu darstellte. Was Sie die Eigenpersönlichkeit genannt haben, Herr Präsident, nannte man damals das Vaterland Europa. Europa ist ein Vaterland aus Vaterländern.

Für die Gestaltung der europäischen Zukunft ist uns eine ganz neue Aufgabe gestellt. Es ist eine kulturpolitische Aufgabe, nämlich die Öffnung des Westens für die europäische Kultur im Osten. Ich möchte Sie bitten, Ihre Gedanken zu erläutern.

Das bringt mich zu einer zweiten Frage: Wie stehen Sie zur Integration Rußlands in die Europäische Union? Für General de Gaulle reichte, weil vom humanistischen Geist Frankreichs geprägt, Europa bis zum Ural. In Deutschland verstand das nur, wer die europäische und die deutsche Geschichte kannte. Wie ist also Ihre Meinung zu Rußland? Herr Schäuble hat die Grenze nicht am Ural, sondern an der Weichsel gezogen.

Séguin: Auf Ihre Frage, ob Rußland zu Europa gehört oder nicht, haben die Russen selbst noch keine Antwort gefunden. Russen sind nicht nur Europäer, sie sind auch Asiaten. Europa wird in naher Zukunft Rußland nicht integrieren können. Das steht fest. Europa kann es sich aber auch nicht leisten, Rußland außen vor zu lassen, weder im sicherheitspolitischen noch im wirtschafts- oder gesellschaftspolitischen Bereich. Wir suchen die Partnerschaft mit Rußland, die Partnerschaft unter besonderen und bevorzugten Bedingungen.

Kerber: Herr Präsident, Ihnen ist zu danken für die Klarheit Ihrer Ausführungen und insbesondere dafür, daß Sie in nahezu klassischer Weise den Widerspruch dargelegt haben, den Widerspruch zwischen dem französischen Souveränitätsanspruch und dem französischen Machtanspruch, die europäische Integration zunutzen und zu benutzen. Sie haben deutlich gemacht, worum es Ihnen mit Europa geht: Es geht um *Grandeur*. Allerdings glaube ich nicht, daß es möglich ist, Europa diese *Grandeur* zu verleihen, ohne daß dieses Europa mehr Souveränität erhält. Der Prozeß ist in vollem Gange, in dem sich die nationalstaatlich verfaßte Souveränität faktisch auflöst. Wir können nur noch sehr wenige Dinge allein bewegen. Die nationalstaatliche Perspektive ist, in europäischer und in globaler Sicht, keine sinnvolle Perspektive mehr.

Wenn dem so ist, so kann ich nicht richtig verstehen, wieso Sie in drei Beispielen, die mich beeindruckt und zugleich bedrückt haben, aufzeigen, wo diese Nationalstaaten noch souverän sein sollen. Sie sagen, die Briten sollen ihren Falklandkrieg führen, die Franzosen ihre Atomversuche starten, und wir Deutschen, so wir denn wollen, uns wiedervereinigen dürfen. Ich bin ganz anderer Meinung. Ich glaube, wir Deutschen haben ein gutes Beispiel gegeben. Wenn wir auf die Befürchtungen - unbegründete oder begründete - der Nachbarn so wenig Rücksicht genommen hätten wie Sie bei den Atomversuchen, hätten wir die Einheit nie zustandegebracht. Es hätte in Europa Verwerfungen gegeben.

Von niemand anderem als von Carlo Schmid stammt der Satz: Es gibt im *ius publicum europaeum* das ungeschriebene Axiom, daß Frankreich nichts und niemandem gegenüber Rechenschaft schuldig sei. Ich glaube, wir sind auch in der politischen Zeitrechnung an dem Punkt angelangt, an dem dieser Souveränitätsbegriff sein Ende findet.

Séguin: Die Behauptung, Frankreich sei der Ansicht, nichts und niemandem eine Erklärung schuldig zu sein, wird allein schon durch meine Präsenz hier widerlegt. Beschränkt man sich auf den klassischen Ansatz, stößt man in der Tat auf den Widerspruch, den Sie kritisiert haben. Aber wir haben diesen klassischen Ansatz längst überwunden. Wir suchen nicht in den Werken unserer Vorväter, wie das Modell auszusehen hat, das wir aufbauen möchten. Wir suchen nach einem neuen Weg, nach einer originellen und originären Lösung, die den Widerspruch zwischen Integration und Souveränität aufhebt. Gewiß, das kann ein frommer Wunsch bleiben. Aber wir müssen uns doch nüchtern fragen, ob es überhaupt denkbar ist, daß wir Konflikte, ob innerhalb oder außerhalb Europas, jemals mit einer gemeinsamen Armee werden lösen können. Auch Frankreich glaubt dort, wo es ureigenste Interessen zu vertreten und die Europäische Union nichts zu suchen hat, beispielsweise in einigen afrikanischen Ländern, zum Alleingang legitimiert zu sein. Ich weiß, das ist eine Provokation. Ich weiß auch, wofür Frankreich in Deutschland oft getadelt wird. Nicht, daß Frankreich einer überholten Vorstellung von eigener Souveränität anhinge. Aber wenn Frankreich bereit sein soll, auf Souveränität zu verzichten, fiele ihm dieses leichter, wenn es diese Souveränität auf eine höhere Ebene heben und seine eigenen kulturellen, sozialen und politischen Interessen auf dieser höheren Ebene wiederfinden und dort in guten Händen wissen könnte.

Zu den Atomversuchen haben wir uns einseitig entschlossen, ja. Die deutsche Wiedervereinigung hat sich hingegen unter anderen Voraussetzungen vollzogen. Obwohl man uns nicht direkt um unsere Meinung gefragt hat, als die Wiedervereinigung anstand, so haben wir jedenfalls einen Teil der Folgen mitzutragen gehabt, insbesondere im sozial- und wirtschaftspolitischen Bereich. Zum Beispiel mußten wir uns mit hohen Zinssätzen abfinden.

Chémery: Europa müsse, so sagen Sie, jetzt politisch stärkeres Profil zeigen. Solange die politische Legitimation nicht gegeben sei, könnten die europäischen Institutionen und Organe nicht behaupten, Entscheidungen im Namen der europäischen Völker zu treffen. Also stellt sich die Frage nach der Reform der Wahlverfahren. Die Europaparlamentarier arbeiten im luftleeren Raum und wissen nicht, wer ihre Ansprechpartner sind. Hier herrscht ein gravierender Mangel an demokratischer Legitimität. Wie soll der behoben werden?

Meine Frage bezieht sich auch auf die europäische *Citoyenneté*. Dieser Begriff ist derzeit in aller Munde, in politischen wie in wirtschaftlichen Kreisen. Meiner Meinung nach ist dieser Begriff zu vage und auch sinnleer. Ist die Tatsache, daß es nach wie vor nationale Staatsbürgerschaften gibt, nicht das Hindernis auf dem Weg zu einer europäischen Bürgerschaft?

Séguin: Diese *Citoyenneté*, für die es im Deutschen keinen entsprechenden Begriff gibt, reicht sehr viel weiter als das Wort von der Staatsbürgerschaft. Dieser Begriff der *Citoyenneté* bezeichnet ein Gefühl der Zugehörigkeit zu einer Gemeinschaft, einem Gemeinwesen, und schließt die Verantwortlichkeit ein, die Bereitschaft, Verantwortung zu übernehmen.

Der freie Kapitalverkehr zeigt, wie politische Machtfaktoren mehr und mehr durch wirtschaftliche Faktoren ersetzt werden. Die Europäische Zentralbank wird sicher mehr Befugnisse haben als das Europaparlament heute. Diese Finanzmacht dient also nicht der Vertretung der Interessen des Gemeinwesens, sondern folgt ihren eigenen Gesetzen. Die Wirtschaft gibt vor, was getan werden muß. Die Märkte bestimmen. Sie sind aber heute nicht mehr national, sondern international. Ihr Ziel ist nicht die Bekämpfung der Arbeitslosigkeit oder Überwindung sozialer Benachteiligung. Vor weniger als 48 Stunden hat die Pariser Börse sich geradezu enthusiastisch zu den Plänen eines großen französischen Unternehmens geäußert, Personal abzubauen.

Der Vorrang des Politischen vor dem Wirtschaftlichen wird heute auf allen Ebenen in Frage gestellt. Deshalb müssen wir die politische Dimension in Europa wieder stärken. Die Entmachtung der nationalen Parlamente vollzieht sich nicht durch die Übertragung ihrer Kompetenzen auf die europäische Ebene. Diese Kompetenzen werden entweder von der Kommission oder vom Ministerrat beansprucht. Somit werden demokratische Strukturen insgesamt geschwächt.

Meiner Meinung nach kann nur auf nationaler Ebene Solidarität praktiziert und gelebt werden. Katalonien ist ein wunderbares Beispiel, auch Umberto Bossi mit der Lega Lombarda oder das belgische Flandern. Diese Beispiele bezeichnen Verhaltensmuster, wie wir sie auch in Frankreich wiederfinden. Man versucht, sich zurückzubesinnen auf die Regionen, jedoch innerhalb eines europäischen Rahmens und keineswegs nur um kulturelle Eigenarten zu bewahren und zu verteidigen, sondern auch um die nationale Solidarität zu schwächen. Nehmen Sie Katalonien: Entgegen den häufig geäußerten Behauptungen katalanischer Politiker geht es nicht nur um den Erhalt der katalanischen Sprache. Hier setzt sich Europa einer großen Gefahr aus – dem Verlust der nationalen Solidarität. Solidarität ist uns nicht angeboren. Wir leben und erleben sie nicht spontan. Aber sie ist eines der tragenden Elemente jedes Gemeinwesens.

Selbst wenn wir ein neues Wahlverfahren für das Europäische Parlament einführen, beispielsweise das Mehrheitswahlrecht wie in Frankreich, können wir nicht sicherstellen, daß der Parlamentarier den direkten Kontakt zur Basis hält. Viele regionale Politiker haben mir ihren Unmut über die Entscheidungen in Sachen Rinderwahnsinn mitgeteilt. Darauf konnte ich nur antworten, daß ein nationaler Abgeordneter auf europäische Agrarentscheidungen ebensoviel Einfluß hat wie auf den Lauf der Sonne.

Mittelsten Scheid: Herr Präsident, Sie haben zweimal von der *personalité propre de l'Europe mais même d'une identité propre de l'Europe* gesprochen. Wie sehen Sie die Persönlichkeit Europas?

Séguin: Ich habe den offensichtlichen Widerspruch zwischen Souveränität und Integration hervorgehoben. Was die Besonderheit Europas ausmacht, ist die außerordentliche Vielfalt seiner Kulturen. Diese Vielfalt muß aufgenommen und durch jeden europäischen Staat eingeklagt werden.

Als ich in Budapest und in Sofia war, befand ich mich innerhalb Europas, befand mich zu Hause.

Als ich davon sprach, Europa müsse eines Tages für die eigene Sicherheit selbst verantwortlich sein, forderte ich das nicht aus Mißtrauen gegenüber den Vereinigten Staaten.

Die Bedingungen haben sich geändert. Europa muß sich jetzt berufen fühlen, nicht mehr nur das zu sein, was es lange Zeit auf der internationalen Bühne dargestellt hat - ein Wirtschaftsgigant. Wir müssen politisch unabhängig werden und allein agieren können.

Ich wünsche mir, daß Europa seine politische Persönlichkeit ebenso wiederfindet wie seine kulturelle.

Riesenhuber: Sie sprachen über den Reichtum der europäischen Kultur, über ihre große Vielfalt, ihre Prägekraft in einer offenen Welt. Die Uruguay-Runde der GATT-Verhandlungen hat in sehr vielen Bereichen die Märkte geöffnet. Frankreich hat daraufhin die große Sorge geäußert, eine kurzfristige und vollständige Öffnung der Märkte könne die europäische Kultur in eine Lage bringen, in der sie von einer amerikanisch geprägten Weltkultur überrollt wird.

Nun wird Kultur in zweierlei Hinsicht für das Bild unserer zukünftigen Welt entscheidend sein. Die Faszination einer offenen Welt besteht zum einen gerade in der Vielfalt und im Reichtum unterschiedlicher Kulturen, die voneinander lernen und sich aneinander messen. Die Frage ist: Wird dies eine Welt sein, in der Märkte auch durch miteinander konkurrierende kulturelle Güter geprägt werden? Die Lebendigkeit von Multimedia in den Netzen, einem der sich am schnellsten entwickelnden Bereiche, wird letzten Endes davon abhängig sein, ob der Markt auch für Kultur offen ist. Der Beitrag Europas kann nur durch Weltoffenheit geleistet werden, nicht in der Begrenztheit auf Europa.

Daher die erste Frage: Wo sieht Frankreich Möglichkeiten für eine eigenständige europäische Kultur und die gleichzeitige selbstbewußte Öffnung der Märkte?

Die zweite Frage leitet sich daraus ab: Wie sieht die nächste Runde im GATT und der World Trade Organisation aus? Europa muß ja nicht warten, bis andere die Regeln bestimmen und sich dann auf eine Art Selbstschutz beschränken.

Séguin: Frankreich war nicht ganz zufrieden mit der Art und Weise, wie die Kommission das ihr übertragene Mandat bei den GATT-Verhandlungen ausgeübt hat. Wir hatten das Gefühl, die Existenz Europas als Gemeinschaft würde in Frage gestellt. Wir wollen eine europäische Gemeinschaft, weil wir glauben, daß Europa Besonderheiten hat, die zu verteidigen sich lohnen. Wir wollen nicht den schranken- und grenzenlosen Wettbewerb im Kulturellen, wie es ihn in der Wirtschaft gibt. Denn der führt über kurz oder lang dazu, daß der eine den anderen auffrißt. Wir beharren darauf, daß Spielregeln eingehalten, daß Grenzen gezogen, daß Schutzklauseln und Ausnahmeregelungen eingeführt werden, um dies zu verhindern und die kulturelle Vielfalt zu erhalten.

Rahmsdorf: Sie haben an mehreren Stellen betont, daß auch eine Stärkung der nationalen Parlamente notwendig sei, um die demokratischen Werte, die wir in Europa haben, deutlich werden zu lassen.

Zu den Kernfunktionen des Staates gehören die Freiheit, über die eigene Währung zu bestimmen, die Verteidigungspolitik, die Außenpolitik, auch die Politik, die die Sicherheit der Bürger im Staatsgebiet gewährleistet. Wie wir alle wissen, ist die Europäische Währungsunion ein Beispiel dafür, wie ein erheblicher Souveränitätsverzicht zugunsten einer supranationalen Ebene erfolgt. Ich glaube, daß Deutschland in diesem Bereich am meisten an Souveränität übertragen hat.

Wenn bislang von Deutschland ein erheblicher Transfer an Souveränität geleistet wurde, würden Sie mir dann zustimmen, daß in den Bereichen Außen- und Verteidigungspolitik wie der Politik der inneren Sicherheit viel mehr getan werden muß, und insoweit Forderungen, die nationale Ebene zu stärken, eher zu Irritationen führen? Muß nicht viel mehr und viel breiter Souveränitätsverzicht geleistet werden, damit wir glaubwürdig und gemeinsam in eine europäische Zukunft marschieren?

Séguin: Ich beginne mit der Währungsunion. Ich glaube nicht, daß es möglich ist, eine klare Trennlinie zu ziehen zwischen den Befugnissen der Europäischen Zentralbank und den Befugnissen der Europäischen Kommission. Beide sind eng miteinander verknüpft und voneinander abhängig. Wenn man Wirtschaftspolitik betreibt, betreibt man Geldpolitik. Wenn man Geldpolitik betreibt, betreibt man Steuerpolitik und damit Wirtschaftspolitik. Hier schließt sich der Kreis.

Ich stelle darüber hinaus fest, daß ich in Frankreich nicht mehr der einzige bin, der öffentlich verkündet, daß in Europa Strukturen geschaffen werden müssen, die eine politische Kontrolle der Währungspolitik gewährleisten. Selbst die deutsche Presse gesteht mir einhellig zu, daß meine Schlußfolgerungen und Analysen im Zusammenhang mit der Europäischen Zentralbank richtig waren.

Wir müssen auf zwei Ebenen ansetzen. Wir müssen zunächst auf europäischer Ebene den Beitrag der nationalen Parlamente stärken. Die Dänen und Engländer waren hier wegweisend. Solange ein Parlament sich nicht zu einem Gesetzesvorhaben geäußert hat, das vom Ministerrat zu beschließen ist, wird auch die nationale Regierung sich im Ministerrat nicht äußern. Jedes nationale Parlament muß die Möglichkeit haben, sich zu den gesetzgeberischen Vorhaben zu äußern, ehe die Regierungsvertreter im Ministerrat darüber beschließen. Insofern muß das nationale Parlament komplementär zur nationalen Regierung Europapolitik betreiben.

Wir wollen, daß ausgehend vom Subsidiaritätsprinzip eine Lösung gefunden wird, die es möglich macht, die nationalen Parlamente am Europaparlament mitwirken zu lassen. Warum können wir nicht in Europa ein Zweikammersystem einführen? Das Europaparlament braucht mehr Kompetenzen.

Bischoff: Sie sprachen davon, daß in einem Europa der Zukunft, wie Sie es sich vorstellen, der Nationalstaat das Recht und die Souveränität haben muß, seine nationalen Interessen auch im verteidigungspolitischen Bereich zu verfolgen. Daraus ergibt sich die Frage: Inwieweit leiten Sie für Frankreich daraus ab, daß es über Interventionsfähigkeiten verfügen muß? Inwieweit sehen Sie die Möglichkeit, gerade in der Verteidigungstechnik auf diese nationale Selbständigkeit partiell oder total zugunsten einer europäischen Kompetenz zu verzichten?

Séguin: Das Problem, das sich im Einzelfall stellen wird, ist: Was geschieht, wenn ein Land nicht dahin will, wo alle anderen hin wollen? Ich glaube, daß wir die Soldaten des betroffenen Landes nicht mitnehmen sollten. Ich wäre dafür, daß dieses Land dann einen finanziellen Beitrag leistet.

BRIGITTE SEEBACHER-BRANDT

Nachwort

Europa weckt keine Neugier und übt keine Spannung aus, wenn es nach alter Sitte behandelt wird und wie ein Stoff, der in so vielen Farben schillert, daß niemand ihn mehr bezeichnen, geschweige denn anpreisen kann. Einer sprach denn auch zu sich selbst, bevor er sich ans Auditorium wandte. An seinen Stoßseufzer, daß das Thema hundertmal hin- und hergewendet sei und langweilig, aber wollte er am Ende ausdrücklich nicht erinnert werden.

Aufmerksamkeit und Diskussionsfreude, Nachdenklichkeit und Neugierde hätten auf dem diesjährigen Kolloquium der Alfred Herrhausen Gesellschaft größer kaum sein können. Das Thema, in Frageform gekleidet, hielt, was es versprach. Nach anderthalb Tagen konnte, wer wollte, eine Bilanz ziehen, in der die wesentlichen Posten vermerkt waren – wirtschaftliche, politische, juristische, kulturelle. Daß die Bilanz nicht aufging, auch nicht aufgehen sollte, war der große Gewinn der Veranstaltung. Europa leidet immer noch und immer wieder unter dem Zwang zur Verklärung und zur Eindeutigkeit. Wohl dem, der sich davon zu befreien weiß.

Man muß die europäische Integration in ihrer Widersprüchlichkeit hinnehmen und zugeben, daß das Ziel des Weges offen ist. Daß auf dem AHG-Kolloquium genau dieses Ergebnis herauskam, machte sein Echo aus. Der Ehrlichkeit halber sei hinzugefügt, daß die Unvollkommenheit der europäischen Integration jeder beklagte, aber niemand sie in Zweifel zog. Die Opposition blieb aus, und nicht einmal der Einwand, daß gemessen an Dauer und Intensität der Bemühungen das Ergebnis mager sei und Europa immer noch keine Herzenssache, wurde erhoben. Zufall? Gewiß nicht. Europa als Kopfgeburt zu verspotten und auf seine Nationalstaaten zu schwören, weil die Europa nur als Hebel eigener Interessen mißbrauchten, bleibe intellektuellen Zirkeln vorbehalten. Die Alfred Herrhausen Gesellschaft beschäftigt sich mit dem, was ist. Und was ist? Ein Europa, das seit Gründung der Gemeinschaft für Kohle und Stahl seine eigene Dynamik entfaltet hat, das aber damit das Eigenleben seiner nationalen Mitgliedstaaten nicht außer Kraft gesetzt hat. Von diesem unendlichen Wechselspiel war auf dem Kolloquium viel zu lernen.

Die Brüsseler Überzeugung eines EU-Kommissars hat mit dem Pariser Verständnis eines Präsidenten der Assemblée Nationale das europäische Bekenntnis gemein, gewiß. Aber buchstabieren tun sie es nach sehr unterschiedlichen Gesetzen. Während der eine, Karel van Miert, fordert, die Institutionen zu stärken, zumal durch Einführung des Mehrheitsstimmrechts im Ministerrat, beschwört der andere, Philippe Séguin, eindringlich die Souveränität der Völker. Demokratische Legitimität erwachse auch in Zukunft aus dem nationalen Parlament. Wer wollte widersprechen? Aber gibt man nicht auch dem Kommissar recht, der sich um der

Praktibilität willen gegen »die Einbindung der nationalen Parlamente« in die Brüsseler Entscheidungsfindung wendet? Wolfgang Schäuble machte es sich insoweit leicht. Er begründete in allgemeiner Form, warum Deutschland Europa brauche, und ließ offen, wie dieses Europa aussieht und wie es sich verhält zum grundgesetzlich verankerten Staat.

Festlegen wollte sich der Deutsche auch nicht, was das Verhältnis zu Amerika angeht. Europäische Integration und atlantische Partnerschaft hält er für zwei Seiten ein und derselben Medaille und die französische Rückkehr in die NATO für deren späte Anerkennung. Fragezeichen setzte er nicht, auch nicht hinter die amerikanische Art, die Europäer immer wieder gegeneinander auszuspielen. Der EU-Kommissar wußte auch davon ein Lied zu singen. Aber vielleicht muß ja auch nicht alles problematisiert werden. Und Schäuble war, auch darin ein Repräsentant der deutschen Politik, auf europäische Harmonie eingestellt.

»Europa wohin?« Die Frage verlangte also gerade nicht die eindeutige Antwort. Die Frage war Programm, und immerhin registrierten drei Redner, daß vor kurzer Zeit niemand sie auch nur gestellt hätte. Hilmar Kopper in seiner Eröffnung, Monsieur Séguin und Manfred Riedel, der Philosoph, stellten jeder auf seine Weise den Riß fest, der neuerdings durch Europa hindurchgehe und der soviele neue Zweifel wecke. Hat er sich zuerst aufgetan im Umbruch von 1989? Oder hat der Krieg auf dem Balkan ihn verursacht? Oder liegt er gar im Wesen der Integration selbst begründet? Es könnte ja sein, daß dieser Riß erst jetzt bemerkt wird, da mit der Währungsunion ein qualitativer Sprung in der Integration bevorsteht. Die ökonomische Dynamik, die aller Unwägbarkeiten zum Trotz eine Währungsunion in greifbare Nähe rücken läßt, kontrastiert mit der unendlichen Langsamkeit, die den innen- und zumal den außenpolitischen Gang der Dinge kennzeichnet und die auch die Reform der Institutionen prägt. Gleichzeitig setzt sich das in der Brüsseler Gemeinschaft zusammengeschlossene Europa ab von dem großen Rest, der ihr nicht zugehört.

Die Suche nach der Auflösung dieses doppelten Gegensatzes durchzog die Debatten wie ein roter Faden. Unter der Hauptüberschrift Europa wurden unausgesprochen und durchaus ungeordnet die zwei Unterkapitel aufgeschlagen. Eines befaßte sich mit dem Teil des Kontinents, der jahrzehntelang von der Integration ausgeschlossen war und doch darüber seinen europäischen Charakter nicht verlor. Das andere galt der Überlegung, wie sich nationale Souveränität und europäische Integration zueinander verhalten und ob die Wirtschaft, auch die Währung politisch kontrolliert werden können. Darum ging es vor allem dem französischen Gast, sein Auftritt war mit Spannung erwartet worden.

Daß der Vertrag von Maastricht ein Erbe der Nachkriegszeit sei, nun aber der Blick auf Gesamteuropa gerichtet werden müsse, betonte mehr als ein Redner. Der Philosoph, Manfred Riedel, brachte es auf die Formel, daß Maastricht nicht der Anfang, »sondern das Ende eines durch die Ökonomie getragenen Prozesses« sei. Aber wird der Weg, auf dem Länder voranschreiten, die es können und wollen, deshalb hinfällig? Wohl kaum. Die ökonomischen Kräfte, die vor 1989 gewirkt haben, wirken weiter. Es ist nicht übertrieben zu sagen, sie sind stärker denn je was die Schaffung großer Wirtschaftsräume angeht und auch sonst. Am Beispiel der Raumfahrt schilderten DASA-Chef Manfred Bischoff und sein Kollege von Aerospatiale, Louis Gallois, ein Gebiet, auf dem national nur noch wenig zu bewegen ist. Es lassen sich die Uhren nicht zurückdrehen, auch die nicht, die seit dem Zweiten Weltkrieg nur im Westen des Kontinents haben ticken können. Und warum sollte der Blick auf Gesamteuropa, den Manfred Riedel so wunderbar geschärft hat, dadurch verdunkelt werden?

Es war keineswegs nur Philippe Séguin, der in einem formvollendeten Vortrag und in guter gaullistischer Tradition die nationale Fahne hochhielt und dabei das Gewicht des Staates herausstellte; gegenüber der Globalisierung des Wirtschaftslebens will er Fatalismus ausdrücklich nicht gelten lassen. Man könnte es sich leicht machen und sagen, Monsieur Séguin fordere das politische Europa deshalb, weil er das monetäre nicht mehr aufhalten kann. 1992 hatte er, anläßlich des französischen Maastricht-Referendums, für das Nein geworben und knapp verloren. Doch längst steht er auf dem Boden der Tatsachen, und in seiner Rangordnung bleibt er sich ja auch treu. Für einen Franzosen wie Philippe Séguin rangiert die Politik immer vor Wirtschaft und Währung. Was Politik meint? Die Legitimität der Herrschaft, also den Dreiklang von Demokratie, Nation und Staat. Aber der Franzose, den typisch zu nennen erlaubt sein mag, ist kein Dogmatiker und schon gar kein Träumer, sondern ein brillanter Kopf und ein bodenständiger Mensch. Der Frage, die er selbst die Schlüsselfrage nennt, weicht er nicht aus: Was tun und wie den

Anspruch der Politik durchsetzen, wenn dem klein und kleiner werdenden Nationalstaat der Boden eigener Hoheitsgewalt wegbricht? Technisch, ökonomisch, schließlich sozial? Die Antwort fiel nicht befriedigend aus. Wie sollte sie auch. Niemand kann sie klären, und einstweilen ist viel gewonnen, sich überhaupt mit ihr zu befassen.

Das hat auch der deutsche Verfassungsrichter Paul Kirchhof getan. Er erklärte mit Nachdruck, daß die Europäische Union ein Verbund von Staaten sei, ohne selbst Staat zu sein oder zu werden. Das Mit- und Gegeneinander von Gemeinschaft und Nationalstaat verglich er mit einem Fußballspiel. Über die Spielregeln wache das Verfassungsgericht wie ein Schiedsrichter.

Das Ergebnis ist offen, wie in einem Spiel. Oder doch nicht so ganz? Ein Spiel hängt an Launen und Zufällen. Das läßt sich von der europäischen Integration kaum sagen. Ohne ernste zumal ökonomische Triebkräfte wäre sie nie soweit vorangekommen. Insoweit wollte niemand Hilmar Kopper widersprechen, der forderte, sich auf das jeweils Nächstmögliche zu beschränken und die Währungsunion nicht mit zu hohen politischen Vorgaben zu beschweren. Vollkommenheitswahn habe Europa schon so manchen Streich gespielt. Warum also Prinzipien reiten über den Stellenwert von Politik und Wirtschaft und nicht einfach auf die Dynamik vertrauen, die aus dem Euro erwachsen möge!

Über die Vortragenden

Prof. Dr. Dr. h. c. Manfred Riedel

Geboren 1936 in Etzoldshain, Studium der Philosophie, Geschichte und Germanistik in Leipzig und Heidelberg. Nach Promotion (1960) und Habilitation (1968) bei Karl Löwith, Hans-Georg Gadamer und Dieter Henrich Lehrtätigkeit in Marburg, Heidelberg und Saarbrücken. 1971 Professor für Philosophie an der Universität Erlangen-Nürnberg. Seit Herbst 1993 Lehrstuhl für Praktische Philosophie an der Martin-Luther-Universität Halle-Wittenberg. Mitglied des Kuratoriums der Alfred Herrhausen Gesellschaft für internationalen Dialog.

Veröffentlichungen u. a.

Zwischen Tradition und Revolution (1969), Metaphysik und Metapolitik (1976), Etica communicativa (1982), Für eine zweite Philosophie (1988), Zeitkehre in Deutschland (1991)

Karel van Miert

Geboren 1942 in Oud-Turnhout, Belgien. Studium der Diplomatie an der Staatlichen Universität Gent. Seit 1978 Lehrbeauftragter an der Freien Universität Brüssel. Vorstandsmitglied der Sozialistischen Partei und bis

1980 Vizepräsident des Bundes der Sozialistischen und Sozialdemokratischen Parteien der Europäischen Gemeinschaften. 1979–1985 Mitglied des Europäischen Parlaments; 1985–1988 Mitglied des Belgischen Parlaments. Seit 1986 Mitglied der Europäischen Kommission, derzeit zuständig für Europäischen Wettbewerb.

Prof. Dr. Paul Kirchhof

Geboren 1943 in Osnabrück, Studium der Rechtswissenschaft in Freiburg und München, Promotion 1968 in München, Habilitation 1974 in Heidelberg. 1975 ordentlicher Professor für öffentliches Recht und Direktor des Instituts für Steuerrecht an der Universität Münster. Seit 1981 ordentlicher Professor für öffentliches Recht an der Universität Heidelberg und Direktor des Instituts für Finanz- und Steuerrecht. Seit 1987 Richter am Bundesverfassungsgericht.

Veröffentlichungen u. a.

Mitherausgeber des Handbuchs des Staatsrechts der Bundesrepublik Deutschland. Zahlreiche Beiträge und Kommentierungen auf den Gebieten des Staatsrechts, Finanz- und Steuerrechts sowie des Verwaltungsrechts.

Dr. Wolfgang Schäuble

Geboren 1942 in Freiburg, Studium der Rechts- und Wirtschaftswissenschaften in Freiburg und Hamburg. 1971 Promotion und Eintritt in die Steuerverwaltung des Landes Baden-Württemberg. 1978–1984 Rechtsanwalt.

Mitglied des Bundestages seit 1972. 1975–1984 Vertreter der Bundesrepublik Deutschland in der Parlamentarischen Versammlung des Europarates und zugleich Vertreter in der Versammlung der Westeuropäischen Union. 1981–1984 Parlamentarischer Geschäftsführer der CDU/CSU-Fraktion; 1984–1989 Bundesminister für besondere Aufgaben und Chef des Bundeskanzleramtes. 1989–1991 Bundesminister des Inneren. Seit 1991 Vorsitzender der CDU/CSU-Fraktion.

Veröffentlichungen u. a.

Der Vertrag (1991), Und der Zukunft zugewandt (1994)

Dr. Manfred Bischoff

Geboren 1942 in Calw, Jura- und Volkswirtschaftsstudium an den Universitäten Tübingen und Heidelberg. 1973 Promotion. 1976 Eintritt bei der Daimler-Benz AG im Bereich Beteiligungen, Projektbetreuung Mercedes-Benz Geländewagen. Seit 1989 Mitglied des Vorstandes der Daimler-Benz Aerospace AG, München, seit 1995 Vorsitzender des Vorstandes. Mitglied des Vorstandes der Daimler-Benz AG. Präsident der European Association of Aerospace Industries.

Louis Gallois

Geboren 1944 in Montauban, Frankreich. Studium der Wirtschaftswissenschaften an der Ecole des Hautes Etudes Commerciales, Paris, sowie der Ecole Nationale d'Administration.

1972 Ministerialrat im Ministerium für Wirtschaft und Finanzen. 1976 Legationssekretär in der Französischen Botschaft Tokio. 1978 Ministerialrat im Ministerium für Wirtschaft und Finanzen. 1981 Kabinettsdirektor im Ministerium für Forschung und Technologie. 1988 Kabinettsdirektor im Verteidigungministerium. Seit 1992 Président Directeur Général der Aerospatiale. Juli 1996 Präsident der staatlichen Eisenbahngesellschaft SNCF.

Philippe Séguin

Geboren 1943 in Tunis. Studium der Geschichte und Politikwissenschaften in Aix-en-Provence. 1968–1971 Studium an der Ecole Nationale d'Administration. 1973 Berater im Landwirtschaftsministerium von Jacques Chirac. 1978 Abgeordneter des Départements Vosges (Vogesen) für den Wahlkreis Epinal in der Nationalversammlung als Mitglied der neogaullistischen Partei Rassemblement pour la République (RPR). 1981 Vizepräsident der Nationalversammlung. Seit 1983 Bürgermeister von Epinal. 1986–1988 Arbeits- und Sozialminister, seit 1993 Präsident der Nationalversammlung.

Veröffentlichungen u. a.

La Force de convaincre (1990), Louis Napoléon Le Grand (1990), De l'Europe en général et de la France en particulier (1992)

Verzeichnis der Teilnehmer

Anderer, Tatjana: Burda-Verlag, München
Arcier, Agnès: Ministère de L'Economie et des Finances
Baldschus, Manfred: Unicum-Verlag, Bochum
Balkhausen, Dieter: ZDF, Mainz
Ballweg, Dr. Volker: Deutsche Bank AG, Frankfurt am Main
Beffa, Jean-Louis: Chairman and CEO Saint-Gobain, Paris
Benz, Ulrich: Deutsche Bank AG, Köln
Berger, Björn: Europäisches Jugendparlament, Frankfurt am Main
Berger, Roland: Roland Berger & Partner GmbH, München
Bertsch, Jürgen: stellv. Geschäftsführer Baden-Badener UnternehmerGespräche
Bischoff, Dr. Manfred: Vorsitzender des Vorstandes Daimler-Benz Aerospace AG, München
Böckenförde, Prof. Dr. E.-W.: Verfassungsrichter a. D., Freiburg
Boden, Dr. Rainer W.: Deutsche Bank AG EU Repräsentanz, Brüssel
Boos, Alain: Radio France Internationale, Karlsruhe
Borodziej, Dr. habil. Wlodzimierz: Universität Warschau

Brahami, Guy: Französisches Sprachenzentrum, Frankfurt am Main
Breuer, Dr. Rolf-E.: Mitglied des Vorstandes Deutsche Bank AG, Frankfurt am Main
Brok, Elmar: Europa-Beauftragter, Bertelsmann AG, Brüssel
Buhl, Dr. Dieter: DIE ZEIT, Hamburg
Büschgen, Prof. Dr. Hans E.: Universität zu Köln
Chémery, Stéphanie: Europäisches Jugendparlament, Paris
Danguy des Déserts, Lara: Europäisches Jugendparlament, Villenes
de Carmoy, Hervé: Président B.I.M.P., Paris
Delporte, Laurent: Europäisches Jugendparlament, Vulaines
Eigen, Dr. Peter: Transparency International, Berlin
Ferslev, Dr. Hans-Peter: Deutsche Bank AG, Frankfurt am Main
Frank-Planitz, Ulrich: Deutsche Verlags-Anstalt GmbH, Stuttgart
Fraundorfer, Ralph: Universität Kiel
Frigge, Carsten: Roland Berger & Partner GmbH, Düsseldorf
Fröhlich, Reinhard: stellv. Chefredakteur Börsen-Zeitung, Frankfurt am Main
Gaertner, Dr. Joachim: Oberkirchenrat EKD, Hannover
Gallois, Louis: Präsident Aerospatiale, Paris
Grammatikos, Angie: Europäisches Jugendparlament, Passau
Grünberg, Dr. Hubertus von: Vorsitzender des Vorstandes Continental AG, Hannover
Grunwald, Dr. Reinhard: Generalsekretär Deutsche Forschungsgemeinschaft, Bonn

Gutbrod, Dr. Karl: Vorsitzender der Gesellschafterversammlung Robert Bosch Stiftung GmbH, Stuttgart
Guterman, Siegfried: Deutsche Bank AG, Frankfurt am Main
Hartwig, Dierk: Börsen-Zeitung, Frankfurt am Main
Heine, Peter: Journalist, Erlangen
Holtfrerich, Prof. Dr. Carl-L.: Freie Universität, Berlin
Horn, Karin: FAZ, Frankfurt am Main
Isfort, Dr. Günter: Essen
Jungbluth, Rüdiger: Der Spiegel, Frankfurt am Main
Kallin, Iris: dpa, Frankfurt am Main
Kamppeter, Dr. Werner: Friedrich-Ebert-Stiftung, Bonn
Kerber, Dr. Markus: Deutsche Morgan Grenfell, London
Kerber, Dr. Markus C.: Paris/Berlin
Kiep, Walther Leisler: Pers. haft. Gesellschafter Gradmann & Holler, Frankfurt am Main
Kirchhof, Prof. Dr. Paul: Bundesverfassungsrichter, Karlsruhe
Klages, Prof. Dr. Hans-Joachim: Universität Flensburg
Kleinewefers, Jan: Krefeld
Köcher, Dr. Renate: Institut für Demoskopie Allensbach GmbH
Kohler, Dr. Klaus: Deutsche Bank AG, Frankfurt am Main
Kopper, Hilmar: Mitglied des Vorstandes Deutsche Bank AG, Frankfurt am Main
Kubitz, Peter Paul: Jounalist, Berlin
Küthe, Klaus: Mitglied des Vorstandes Alcatel SEL, Stuttgart
Lauterfeld, Marc: Bonn
Liesering, Dr. Hans-Dieter: Deutsche Bank AG, Frankfurt am Main

Lodiot, Bernard: französischer Generalkonsul, Frankfurt am Main
Lopez Pina, Prof. Dr. Antonio: Universität Complutense, Madrid
Magnis, Graf von: Vereinigung der hessischen Unternehmerverbände, Frankfurt am Main
Meloch, Gabriele: Deutsche Bank AG, Leipzig
Meyer, Jean-Claude: Vice Chairman Rothschild Europe, Paris
Middel, Andreas: Die Welt, Berlin
Miert, Karel van: Mitglied der Kommission der Europäischen Union, Brüssel
Mittelsten Scheid, Dr. Jörg: Pers. haftender Gesellschafter Vorwerk & Co., Wuppertal
Moreau, Jacques: Délégué Général EUROPE ET SOCIÉTÉ, Paris
Nahrendorf, Rainer: Chefredakteur Handelsblatt, Düsseldorf
Neuß, Dr. Knut: Deutsche Bank AG, Mannheim
Nonnenmacher, Dr. Günther: FAZ; Frankfurt am Main
Ourback, Frédéric: Paris
Payen de La Garanderie, Carole: Assemblée Nationale, Paris
Pene, Prof. Didier: HEC, St. Cloud
Picaper, Jean-Paul: Le Figaro, Bonn
Quadbeck-Seeger, Prof. Dr. H. J.: Mitglied des Vorstandes BASF Aktiengesellschaft, Ludwigshafen
Queisser, Prof. Dr. H.-J.: Direktor Max-Planck-Institut für Festkörperforschung, Stuttgart
Rahmsdorf, Dr. Detlev: Deutsche Bank AG, Frankfurt am Main
Reitzle, Dr. Wolfgang: Mitglied des Vorstandes BMW AG, München

Reutner, Prof. Dr. Friedrich: Alleinvorstand FRIATEC AG, Mannheim
Riecke, Thorsten: Handelsblatt, Frankfurt am Main
Riedel, Prof. Dr. Manfred: Universität Halle-Wittenberg
Riesenhuber, MdB Prof. Dr. Heinz: Bonn
Rupp, Prof. Dr. H.: Universität Mainz
Salditt, Dieter: Deutsche Bank AG, Frankfurt am Main
Saux, Jean-Louis: Le Monde, Paris
Schäuble, MdB Dr. Wolfgang: Vorsitzender der CDU/CSU-Bundestagsfraktion, Bonn
Scheer, Francois: Botschafter der Französischen Republik, Bonn
Schohe, Dr. Gerrit: Rechtsanwalt, Brüssel
Schöllgen, Prof. Dr. Gregor: Universität Erlangen
Scholz, MdB Prof. Dr. Rupert: stellv. Vorsitzender der CDU/CSU-Bundestagsfraktion, Bonn
Schröder, Ulrich: DB Research, Frankfurt am Main
Schwartz, Jan: Reuters
Seebacher, Dipl.-Ing. Sönke: Bremen
Seebacher-Brandt, Dr. Brigitte: Deutsche Bank AG, Frankfurt am Main
Séguin, Philippe: Präsident der Nationalversammlung, Paris
Seidel, Prof. Dr. Martin: Bundesministerium für Wirtschaft, Bonn
Seim, Carsten: Super Illu, Berlin
Selmayr, Dr. Gerhard: Kanzler Universität Karlsruhe
Siedenberg, Dr. Axel: DB Research, Frankfurt am Main
Sonnentag, Dr. Horst: Deutsche Bank AG, Wiesbaden
Stabreit, Dr. Immo: Botschafter der Bundesrepublik Deutschland, Paris

Steinig, Richard: Deutsche Bank AG, Frankfurt am Main

Strenger, Christian: Geschäftsführer Deutsche Gesellschaft für Wertpapiersparen, Frankfurt am Main

Süchting, Prof. Dr. Joachim: Ruhr Universität, Bochum

Tietmeyer, Dr. Dr. h. c. Hans: Präsident Deutsche Bundesbank, Frankfurt am Main

Undritz, Dr. Erik A.: Rechtsanwalt Feddersen Laule Scherzberg, Hamburg

Undritz, Dr. Sven-Holger: Rechtsanwalt Feddersen Laule Scherzberg, Hamburg

Vernet, Daniel: Directeur des relations internationales Le Monde Paris

Volhard, Rüdiger: Rechtsanwalt Pünder Volhard Weber & Axter, Frankfurt am Main

Voss, Rüdiger von: Wirtschaftsrat der CDU, Bonn

Waldenfels, Dr. Georg Frhr. von: Mitglied des Vorstandes VIAG Aktiengesellschaft, München

Walter, Prof. Dr. Norbert: DB Research, Frankfurt am Main

Weber, Dr. Manfred: Hauptgeschäftsführer Bundesverband deutscher Banken, Köln

Weiss, Dr. Ulrich: Mitglied des Vorstandes Deutsche Bank AG, Frankfurt am Main

Weizsäcker, Prof. Dr. C. C. von: Staatswissenschaftliches Seminar Universität zu Köln

Wiedmann, Daniel: Europäisches Jugendparlament, Heidelberg

Wolff-Metternich, Dr. B. von: Universität Heidelberg

Wurm, Tobias: Europäisches Jugendparlament, Mosbach

Zinkann, Dr. Peter: Mitgesellschafter und Geschäftsführer der Miele & Cie., Gütersloh

Alfred Herrhausen Gesellschaft für internationalen Dialog

Wer wir sind. Was wir wollen.

Die Deutsche Bank macht Geschäfte. Aber sie macht nicht nur Geschäfte. Sie ist Teil der Gesellschaft und will es zum Ausdruck bingen. Zum Beispiel mit ihrer Alfred Herrhausen Gesellschaft für internationalen Dialog. Der Name ist Programm. Alfred Herrhausen war ein deutscher Patriot, der seine weltbürgerliche Verantwortung ernst nahm.

Die Nation bleibt, was sie lange war - ein Bezugspunkt für menschliches Zusammenleben. Aber nur wenig läßt sich heute noch in nationalem Rahmen regeln. Die Märkte schließen sich weltweit zusammen und mit ihnen die Volkswirtschaften. Auch politisch internationalisiert sich das Leben. Diesen und anderen Zusammenhängen spüren wir nach. Darüber tauschen wir uns aus - mit allen, die etwas zu sagen haben.

Die Gesellschaft verfolgt ausschließlich gemeinnützige Zwecke.

Kuratoriumsmitglieder der Alfred Herrhausen Gesellschaft für internationalen Dialog

Bisherige Veröffentlichungen

Joseph Rovan
Integration des erweiterten Weltbildes
- Information, Bewußtsein, Handeln -
Frankfurt am Main 1992

Rupert Scholz
Neue Verfassung oder Reform des Grundgesetzes?
Frankfurt am Main 1992

Peter Nádas
Schicksal und Technik
- Gedanken zur westöstlichen Kommunikation -
Frankfurt am Main 1993

1. Jahreskolloquium 1993
Erstarrende Gesellschaft in bewegten Zeiten
- Gründe, Folgen, Öffnungschancen -
Stuttgart: Schäffer-Poeschel Verlag 1993
ISBN 3-7910-0772-6

Volker Hassemer/Manfred Gentz
Zukunft Berlin
Frankfurt am Main 1993

Hermann Lübbe
Wahrheit und Mehrheit
Über die Realitätsfähigkeit organisierter Interessen in einer dynamischen Zivilisation
Frankfurt am Main 1994

2. Jahreskolloquium 1994
Arbeit der Zukunft - Zukunft der Arbeit
Stuttgart: Schäffer-Poeschel Verlag 1994
ISBN 3-7910-0861-7

Jugend und Gesellschaft
Ergebnisse einer Erhebung unter Jugendlichen im Alter von 14 bis 24 Jahren
Frankfurt am Main 1994

Arnold Vaatz
Besitzstand und Risiko
Frankfurt am Main 1995

3. Jahreskolloquium 1995
Multimedia - Eine revolutionäre Herausforderung
Perspektiven der Informationsgesellschaft
Stuttgart: Schäffer-Poeschel Verlag 1995
ISBN 3-7910-0963-X

Hartmut Weule
Forschungspolitik in Deutschland
Frankfurt am Main 1995

Ilia Kassavine/Wlodzimierz Borodziej
Zur geistigen Situation in Europas Osten
Frankfurt am Main 1996

Alfred Herrhausen Gesellschaft
für internationalen Dialog
Taunusanlage 12 - 60325 Frankfurt am Main